BRETT UND STEIN
VERLAG

**Yasuda Yasutoshi**

Yasuda Yasutoshi, geboren 1964 in Nakama, Präfektur Fukuoka, erhielt seine Ausbildung im Go vom Profi Oeda Yusuke 9. Dan. Sein Ziel, Profi zu werden, erreichte er im Jahr 1985. Im selben Jahr wurde er Sieger der 4.-Dan-Sektion des Kisei-Turniers.
Zum 9. Dan, dem höchsten Profi-Rang, wurde er 1998 promoviert.

**Yokouchi Takeshi**

Yokouchi Takeshi, geboren 1962 in Nakano, Tokio, wurde 1986 Angestellter des Yomiuri Zeitungsverlags. Er arbeitete zunächst in der Lokalredaktion Niigata und im Politikressort und wechselte dann ins Kulturressort. Im Jahr 1998 verließ er die Zeitung, um als freier Journalist seinen Schwerpunkt auf das Themenfeld der geistigen Gesundheit zu legen. Seither beschäftigt er sich auch mit den Auswirkungen von Go, sowohl auf dem Gebiet der Erziehung wie dem der Therapie.
Er ist Autor des Buchs *Wunder der Kommunikation: Die magische Sprache des Go*.

Yasuda Yasutoshi

# Yasudas Go

## Kommunikation durch Spiel.
## Atari-Go in Pädagogik und Therapie

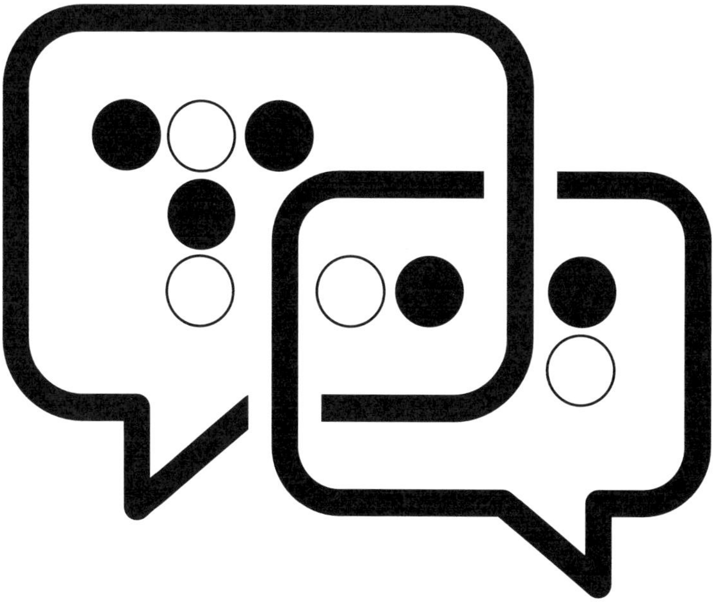

BRETT UND STEIN
VERLAG

『ふれあいの囲碁ゲーム–だれでもできるポン抜きゲーム』
Fureai no igo gēmu – dare demo dekiru ponnuki gēmu
von Yasuda Yasutoshi


Die japanische Ausgabe wurde von Takeshi Yokouchi bearbeitet und ist 2000 bei Tosho-bunka erschienen. Für die Übersetzungsausgaben wurde das japanische Original mit Erlaubnis des Autors rearrangiert und gekürzt.

Grundlage der Übertragung ins Deutsche sind die englische Fassung von Yoshimi Nakao sowie die französische von Jérôme Hubert und Claudine Hossenlopp. Der Übersetzer dankt Kalli Balduin, der ihm beide zur Verfügung stellte.

Die Illustrationen von Camille Lévêque basieren auf Fotos in der japanischen Originalausgabe.

Bibliografische Information der Deutschen Nationalbibliothek
Die Deutsche Nationalbibliothek verzeichnet diese Publikation in der Deutschen Nationalbibliografie; detaillierte bibliografische Daten sind im Internet über http://dnb.dnb.de abrufbar.

Den japanischen Gepflogenheiten und der in Ostasien üblichen Reihenfolge entsprechend, wird bei Personennamen stets der Familienname dem persönlichen Namen vorangestellt.

ISBN 978-3-940563-89-7



Übersetzung: Peter Gebert
Umschlaggestaltung: Lars Decker
Illustrationen: Camille Lévêque
Druck: Books on Demand GmbH, Norderstedt

Die Diagramme in diesem Buch wurden erstellt mit SmartGo™: https://www.smartgo.com/de

# Vorwort zur deutschen Ausgabe

Vor fast 20 Jahren hatte ich das große Vergnügen, an einer wie in diesem Buch beschriebenen Reise mit Herrn Yasuda teilzunehmen. Bis heute erinnere ich mich gern an viele Details dieser Reise, und dabei vor allem an die Begeisterungsfähigkeit von Herrn Yasuda.

Interessanterweise hatte ich Herrn Yasuda dabei eigentlich als zurückhaltende, fast schon introvertierte Person kennengelernt. Doch sobald er vor einer Schulklasse oder in einem Fall vor den Senioren einer Altentagesstätte stand, da war er ganz in seinem Element.

Die 10- bis 12-jährigen Schüler in den japanischen Schulklassen sind grundsätzlich deutlich disziplinierter, schüchterner und zurückhaltender als die gleichaltrigen Schüler in Deutschland. Dies änderte sich aber schlagartig, als Herr Yasuda mit seinen Geschichten begann, und spätestens als die Go-Steine auf dem Brett auftauchten, blickten leuchtende Kinderaugen gespannt nach vorn. Und trat dann ein Kind für einen Zug nach vorn, wurde es von lautstarken Anfeuerungsrufen begleitet.

Mich haben Herrn Yasudas Auftritte und seine Art, innerhalb weniger Minuten mit seinem „Ponnuki-Go", wie er es nannte, die Kinder zu begeistern, damals sehr beeindruckt. Es ist toll, dass dieses Buch nun auch in deutscher Sprache erschienen ist, und es würde mich freuen, wenn ein Teil von Herrn Yasudas Magie auch die Leser erreichen wird.

2021, Michael Marz
Präsident des Deutschen Go-Bundes e.V.

# Inhaltsverzeichnis

# Einleitung

*Yasudas Go* erzählt die Geschichte einer erstaunlichen Entdeckung: Ein einfaches Spiel kann enormen erzieherischen und therapeutischen Wert in sich bergen. Das Go-Spiel, dem diese Geschichte zugrunde liegt, ist vor Tausenden von Jahren in China entstanden. Im fernen Osten ist es sehr populär, und seit seiner Einführung im Westen im späten 19. Jahrhundert ist es auch hier nach und nach bekannter geworden. Der Name "Go" ist japanisch und bedeutet "Umschließungsspiel". Der chinesische Name des Spiels ist "Weiqi", in Korea wird es "Baduk" genannt.

Verantwortlich für diese Entdeckung ist Yasuda Yasutoshi, ein professioneller Go-Spieler aus Japan. Soziale Probleme in japanischen Schulen bereiteten ihm Sorge und motivierten ihn, Schulkinder an das Spiel heranzuführen. Zu seiner Überraschung entdeckte er, dass dies unmittelbare positive Auswirkungen hatte. Kinder, die aufsässig waren, wurden ruhiger und gewannen allgemein mehr Interesse an der Schule; Kinder, die zurückgezogen waren, begannen mit anderen zu interagieren; Kinder, die teilnahmslos waren, wurden lebhaft. Immer wieder waren die Auswirkungen verblüffend.

Von diesen Erfahrungen mit Schulkindern ermutigt, weitete Yasuda seine Bemühungen auf Altenheime aus und dann auf Einrichtungen für Menschen mit geistiger und körperlicher Behinderung. In jedem dieser Fälle zeigte das Spiel beachtliche positive Effekte. Nicht nur in Japan, auch im Ausland fand Yasudas Programm Anklang und Verbreitung. In Deutschland etwa hat Ilona Crispien Erfahrungen in einer weiteren, ganz anderen Einrichtungsform gemacht, von denen sie im ergänzenden Teil zur deutschen Ausgabe erzählt. Sie kann bezeugen: Alles, was Yasuda über das Potential von Go sagt, trifft zu.

Die Version des Spiels, die in Yasudas Programm zum Einsatz kommt, ist leicht zu erlernen. Vorkenntnisse im Go sind nicht notwendig. Es gibt durchaus kompliziertere Versionen des Spiels, Yasuda verwendet jedoch nur eine sehr einfache Variante. Er nennt sie Ponnuki-Go, nach der Form die nach dem Schlagen eines einzelnen Steines auf dem Brett zurückbleibt (siehe Diagramm 1).

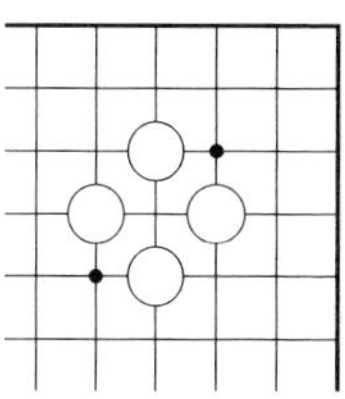

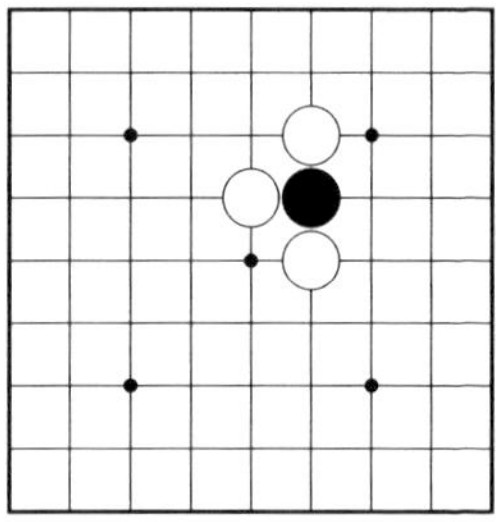

In Deutschland ist diese Variante des Spiels als Atari-Go bekannt. Sie ist benannt nach der Situation, in der ein Stein davon bedroht ist, mit dem nächsten Zug geschlagen zu werden (siehe Diagramm 2). Letztlich ist es unerheblich, welchen Namen das Spiel trägt. Wir werden in diesem Buch die Bezeichnung Atari-Go verwenden.

Die Regeln sind folgende: Das Spiel wird auf einem Netz sich kreuzender Linien gespielt; 7×7 oder 9×9 Linien sind gute Größen. Die Spielfiguren sind rund und in zwei kontrastierenden Farben gehalten, normalerweise Schwarz und Weiß, aber möglich sind alle Farben. Sie werden auf die Schnittpunkte gesetzt, und wenn sie einmal gesetzt sind, werden sie nicht mehr bewegt. Man kann sie auf jeden Schnittpunkt setzen, einschließlich der Ecken. Die Spielfiguren werden „Steine" genannt.

Schwarz setzt zuerst, danach wechseln sich die Spielparteien ab. Ziel des Spiels ist es, einen Stein oder mehrere Steine der anderen Farbe zu umschließen, indem man auf jeden der freien Schnittpunkte, an die er grenzt bzw. sie grenzen, einen Stein setzt. Im Anhang des Buchs werden diese Regeln mit Illustrationen ausführlicher beschrieben.

Trotz seiner einfachen Regeln ist dieses Spiel erstaunlich interessant und anspruchsvoll.

Erfahrene Go-Spielerinnen und -Spieler bevorzugen eine kompliziertere und schwierigere Version des Spiels. Häufig wird Atari-Go als Einstieg in das Go-Spiel vorgestellt, um dann in einem weiteren Schritt auf die kompliziertere Variante überzugehen. Eine einfache Art und Weise, dies zu tun, wird in dem Buch *Go für Einsteiger* (Brett und Stein Verlag, 2016) erklärt. Viele schulische Programme, die mit Atari-Go einsteigen, gehen später zu regulärem Go über, je nach den Interessen der Lernenden und den Vorhaben der Lehrenden.

Eine kleinere Herausforderung für diejenigen, die gern Yasudas Programm ausprobieren möchten, stellt die Suche nach geeignetem Spielmaterial dar, da Go-Sets hierzulande nicht so leicht oder günstig verfügbar sind wie in Fernost. Zum Glück ist es nicht schwer, solches Material selbst herzustellen.

Man kann für die Spielsets ein Netz auf Papier oder Karton zeichnen. Wenn man so ein Brett aus Papier oder Karton laminiert, erhält man ein sehr robustes Set. Als Spielfiguren können verschiedene Objekte herhalten, Spielsteine aus Mühle- und Dame-Spielen sind eine gute Option. Man kann natürlich auch selbst basteln, der Kreativität sind keine Grenzen gesetzt.

Der Deutsche Go-Bund e.V. (www.dgob.de) unterstützt solche Vorhaben mit vorgefertigten Spielsets aus Karton, die er auf Anfrage bereitstellt.

An dieser Stelle danken wir dem Deutschen Go-Bund e.V. für einen Zuschuss für die Produktion dieser Buchausgabe. Ebenso möchten wir Rainer Rosenthal danken, der die deutsche Übersetzung des Buches anregte und unterstützte.

Yasudas Programm ist anziehend und inspirierend. Für all diejenigen, die sich ebenso davon begeistern lassen, gibt es nichts, wodurch sie sich abhalten lassen sollten. Die Ergebnisse und die Anerkennung werden sich unmittelbar und eindeutig zeigen. Dutzende „Yasuda-Botschafter“ in vielen verschiedenen Ländern haben das Spiel schon Tausenden von Menschen jeden Alters beigebracht. Yasudas Programm bietet jedem Menschen die Möglichkeit, etwas zu bewegen.

2021, Gunnar Dickfeld und Peter Gebert

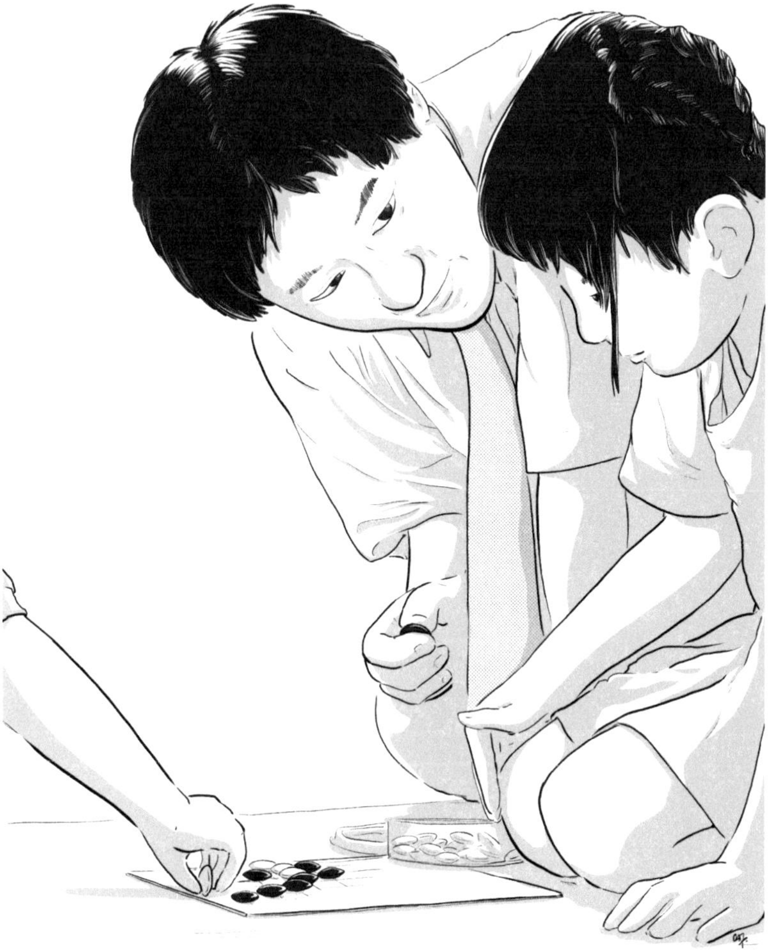

*Yasuda Yasutoshi beim Go-Unterricht mit Kindern*

# Vorwort

„Sie sind ja ein wirklich seniler alter Mann. Sie haben ihren Krückstock vergessen!"

Wir spielten in einer Altentagesstätte eine Partie Go, bei der die Mitglieder zweier Teams der Reihe nach abwechselnd einen Stein aufs Brett setzten. Ein Herr, der bis dahin nur mit Hilfe eines Krückstocks gehen zu können schien, stand plötzlich auf und kam zu mir nach vorn ans Brett. Er war so sehr ins Go-Spiel vertieft, dass er seinen Stock vergessen hatte!

Man hört oft, die Menschen heutzutage hätten den Mut verloren. Bin ich der Einzige, der das Gefühl hat, dass die Menschen, ob Kinder oder Erwachsene, müde wirken? Ich wollte etwas dafür tun, diesen Zustand zu verbessern, und so setzte ich mir vor einigen Jahren das Ziel, Go bekannter zu machen, in der Hoffnung, als professioneller Go-Spieler etwas zur Veränderung der Gesellschaft beitragen zu können.

In den Jahren, die seither vergangen sind, habe ich pädagogische Einrichtungen besucht, darunter Vorschulen, Grund- und Mittelschulen, sowie Einrichtungen für Menschen mit geistiger Behinderung. Das Spiel, das ich dabei bevorzuge, ist die Variante des Atari-Go, die ohne komplizierte Regeln auskommt. Man kann es in der Tat bereits spielen, wenn man nur eine einzige, einfache Regel versteht.

Ich bin zu Ergebnissen gekommen, die erstaunlich sind. Ich habe sowohl Kinder als auch Erwachsene gesehen, deren Augen ihren Glanz wiederfanden. Die Episode mit dem alten Mann ist nur eines von vielen Beispielen unerwarteter Resultate. Oft habe ich gehört, wie andere sie als Wunder bezeichneten; ich aber möchte behaupten, dass jedem und jeder von uns eine große Kraft innewohnt, die sich beim Go-Spielen offenbart. An dem ungeheuren Potential, das im Go-Spiel steckt, habe ich keinen Zweifel.

Jeder Mensch kann Atari-Go lernen und Freude daran haben, denn das Spiel überwindet Altersdifferenzen, Behinderungen und Sprachbarrieren. Wenn wir mit anderen am Brett kommunizieren oder beim Spiel in einer Gruppe im Lauf einer Teampartie zu einer Einheit zusammenfinden, dann erfreuen wir uns an der

Interaktion mit Anderen, ohne Rücksicht auf unsere sozialen Stellungen. Wenn wir über den nächsten Zug nachdenken und selbst die richtige Lösung finden, werden wir uns unseres eigenen, großen Potentials bewusst.

Das von mir initiierte Go-Programm hat sich mittlerweile in ganz Japan verbreitet und auch Eingang in Schulen und Einrichtungen im Ausland gefunden. Während dieser Zeit habe ich mir Gedanken gemacht über die Bedeutung der Kommunikation und Interaktion, die durch Atari-Go zustandekommen, und ich hatte sehr viele bewegende Erlebnisse, von denen ich hoffte, ich könnte sie eines Tages mit möglichst vielen Leuten teilen. Es würde mich sehr glücklich machen, wenn dieses Buch dazu beiträgt, dass wir alle die Freude miteinander teilen können, die das Go-Spielen bereitet.

Januar 2000, Yasuda Yasutoshi

# Teil 1: Wie das Go-Spiel wirkt

## Der Anfang – ein Kindergarten in Shonai

Es war Anfang 1993. Ich sah nebenbei die Nachrichten im Fernsehen, als eine kurze Meldung meine Aufmerksamkeit auf sich zog: „Ein Mittelschüler verfing sich beim Spielen in der Turnhalle offenbar mit dem Hals in einem Seil und starb."

Ich war davon so erschüttert, dass mir war, als hätte man mir einen Schlag auf den Kopf versetzt. Wie kann ein Schüler im Mittelschulalter zu Tode kommen, indem er mit einem Seil spielt? Es musste sich hier um einen Fall von Schikane handeln, welche sich in vielen Schulen zu einem ernsthaften Problem entwickelte. Den Jungen mussten die Attacken seiner Peiniger zum Selbstmord getrieben haben. Das musste doch allen klar sein. Warum wurde der Fall auf diese Weise dargestellt? Kerzengerade saß ich da und starrte auf den Bildschirm. Dann hörte ich eine Stimme in meinem Kopf, als spräche der Junge zu mir: „Mit Japan stimmt etwas nicht."

Später berichtete eine nachfolgende Meldung, man habe eine schriftliche Notiz gefunden, und sei zum Urteil gekommen, dass der Junge sich das Leben genommen habe. Konnte ich nach einem solchen Geschehen einfach nur weiter zuschauen? Diese Stimme, die da rief: „Da läuft etwas falsch!", musste wohl aus der Tiefe meines eigenen Herzens kommen.

Im Mai jenen Jahres startete ich mit einigen Kollegen ein Programm, um das Go-Spiel an Schulen zu verbreiten. In der Zielsetzung, die wir für das Programm entwarfen, heißt es: „Kinder stehen heutzutage unter enormem Stress. Dieser Stress ist mitverantwortlich für Probleme wie Schulschwänzen und Mobbing. Es ist unsere Absicht, mit den Tugenden, die anhand des Go-Spiels vermittelt werden, die geistige Entwicklung von Kindern zu fördern und ihr Leben zu bereichern." Dieses Ziel wurde von vielen Go-Spielern unterstützt, und es nahmen auch viele Schulkinder freiwillig an diesem Programm teil. Unsere Bemühungen, das Spiel zu verbreiten, verliefen allerdings nicht so glatt, wie wir erhofft hatten.

Mir ist bis heute nicht klar, weshalb mich die Nachrichten über Mobbing in der Schule so erschüttert haben, oder weshalb ich mich plötzlich dazu entschloss, ein derartiges Programm zu starten. Ab einem bestimmten Punkt war ich von dem Gedanken besessen, ich müsse über das bloße Verbreiten von Go hinaus etwas tun, was die gesellschaftliche Problematik angeht. Irgendwann um diese Zeit kam ich nach Shonai in der Präfektur Fukuoka, um Go zu unterrichten, und traf dort mit einem Mitglied des örtlichen Bildungsausschusses zusammen, Herrn Ichiba Yoshihisa. Nach der Unterrichtsstunde sprach ich mit Ichiba, der damals Leiter der Abteilung für Unterricht war, über den Gedanken, mit Hilfe des Go-Spiels das Mobbing loszuwerden. Ich wollte, dass Go mit unter die schulischen Aktivitäten aufgenommen wird, nicht nur zur einer bloßen Einführung in das Spiel, sondern um die Entwicklung eines gesunden Geistes und Herzens zu fördern.

Es kann gut sein, dass es ihm ein wenig zur Last fiel, damit aus heiterem Himmel konfrontiert zu werden. Ich denke, ich habe wohl ein wenig geschwafelt. Es klang vermutlich wie ein frommer Wunsch, zu versuchen, Mobbing mit Go aus der Welt zu schaffen. Der Ansatz war unerprobt. Alles, worauf wir uns stützen konnten, war mein aufrichtiges Bestreben, Mobbing zu beseitigen und der Kinder Herz und Verstand zu bereichern. Worum es mir ging, mehr als alles andere, war auch nur ein einziges dieser kostbaren Leben zu retten.

In Abschiedsbriefen, die Kinder zurücklassen, ist immer wieder zu lesen: „Vater, Mutter, es tut mir leid, dass ich mit euch nicht über mein Problem reden konnte." Aber was wäre gewesen, wenn diese Eltern und Kinder miteinander Go gespielt hätten, von Angesicht zu Angesicht? Vielleicht hätten sie Fähigkeiten entwickelt, miteinander zu sprechen. Hätten die Kinder die Möglichkeit gehabt, an Go Spaß zu haben und es als Mittel der Kommunikation mit Freunden und Lehrkräften zu nutzen, dann hätten sie sich vielleicht nicht so isoliert gefühlt. Kinder brauchen etwas, das sie zusammenführt, auf persönlicher Ebene. Ich konnte bei dem Gedanken nicht stillsitzen. Die Leute um mich herum, auch meine Frau, dachten, ich sei verrückt geworden.

Ich bat Herrn Ichiba um eine Empfehlung für ein Go-Programm im Kindergarten von Shonai. Der Grund dafür, mich für einen Kindergarten zu entscheiden, war der, dass mir das Kindergartenalter für die geistige Entwicklung von Kindern am

Wichtigsten erschien. Ichiba, der mit Go vertraut war, verstand sofort. Selbst mit der Unterstützung des Bildungsausschusses war es jedoch etwas ganz Anderes, die Erzieherinnen im Kindergarten zu überzeugen. Jeder Kindergarten hat sein eigenen Lehrplan, und die Erzieherinnen dort waren äußerst beschäftigt. Dazu hatten sie keine Ahnung von Go. „Wie stellen Sie sich das vor, wo wir doch schon so viel zu tun haben?" war, wie ich hörte, ihre unmittelbare Reaktion.

Was verbinden wir üblicherweise mit dem Go-Spiel? Viele Leute denken, wenn sie nur den Namen hören, vermutlich an „ein Hobby für alte Männer" oder „etwas ganz Schwieriges". Diese Erzieherinnen konnten sich nicht vorstellen, wie sich Go mit Kindern in Verbindung bringen lassen mochte. Ichiba bemühte sich eine Zeit lang um die Idee, aber die Erzieherinnen begannen damit, wenn nur das Wort Go fiel, davonzulaufen. So zumindest erzählten es mir eben diese Erzieherinnen später.

Ich konnte nicht unendlich lange auf eine Chance warten, meine Vorstellungen auszuprobieren, und so blieb mir als einzige Möglichkeit, mich tatsächlich auf direktem Wege hinzubegeben und die Erzieherinnen dazu zu bringen, mir zuzuhören, ob sie nun wollten oder nicht. Im Mai 1994 verschaffte mir ein glücklicher Zufall eine solche Gelegenheit. Alle paar Jahre werden die Leiter öffentlicher Kindergärten versetzt, und so geschah es, dass nun Herr Tamura Terumi, ein Go-Spieler, Leiter des Kindergartens der Stadt Shonai wurde. Ichiba sprach mit Tamura über meine Idee, und schließlich wurde ein Besuch im Kindergarten arrangiert. Die Erzieherinnen waren bereit, mir an einem bestimmten Tag nach der Arbeit zwei Stunden ihrer Zeit zu gewähren.

Die Erzieherinnen wussten gar nichts über Go, und daher wussten sie auch nicht, was auf sie zukam. Sie waren offensichtlich nicht froh darüber, länger dazubleiben. Es war wohl auch das erste Mal, dass sie einem Go-Profi begegneten, denn bis zu dem Moment, in dem Ichiba mich vorstellte, hatten sie gedacht, ich sei nur der Fahrer. Sie waren überrascht, dass ich so jung war!

Ich holte das Brett hervor und erklärte in nur einer Minute das Spiel. Was ich sagte, war: „Sie fangen einen gegnerischen Stein einfach indem sie ihn umschließen". Mir kam es so sehr darauf an, dass sie spielen, dass ich auf langwierige Erläuterungen der komplizierteren Go-Regeln völlig verzichtete, und so fingen wir einfach an und spielten Atari-Go. Dabei gewinnt die Seite die Partie, die als erste etwas fängt. Die Erzieherinnen hatten alle so viel Spaß bei ihren Partien, dass die zwei Stunden im Nu vorbei waren. Darüber war sogar ich erstaunt, da ich nicht erwartet hatte, dass sie so viel Spaß daran haben würden.

Zum Abschluss sprach ich über meinen Wunsch, also über das, was mich zum Kindergarten geführt hatte. „Ich weiß nicht, ob die Kinder das Spiel annehmen werden," sagte ich, „aber bitte zeigen sie ihnen Atari-Go." Zu meiner Überraschung empfingen sie den Vorschlag mit offenen Armen. Auf jeden Fall waren sie davon überzeugt, dass Fünfjährige das Spiel spielen können.

Am nächsten Tag begannen die Erzieherinnen, den Kindern Go zu zeigen. Auf einem Tisch lag ein Brett; ein paar Kinder entdeckten es, versammelten sich ringsum und fragten: „Was ist das?" Die Erzieherin sagte einfach: „Legt einen Stein da hin, wo sich zwei Linien kreuzen." Eines der Kinder, die zugehört hatten, legte mit vergnügtem Blick einen Stein hin. Da die Erzieherin wusste, dass es grundsätzlich darum ging, „zu umschließen und zu fangen", fing sie alsbald einen der Steine, die die Kinder platziert hatten. Die Kinder waren verblüfft. Eines der Kinder, das sich die Mühe gemacht hatte, einen Stein zu setzen, ergriff sogar den Arm der Erzieherin, um sie daran zu hindern, ihn wieder wegzunehmen. Es dauerte nicht lange, bis eines der Kinder erkannte, dass man fangen konnte, indem man die Steine des Gegners umschloss.

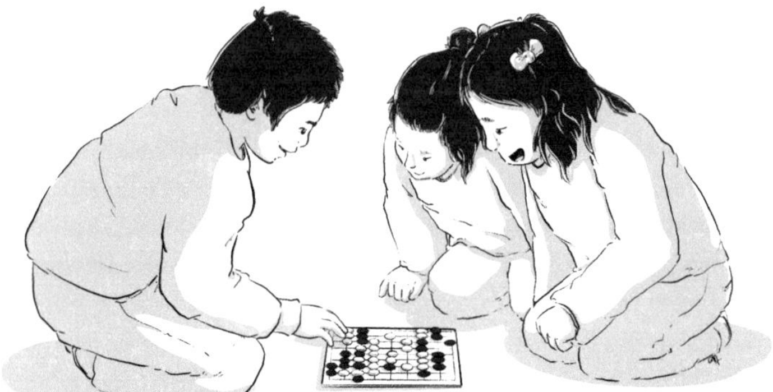

*Kinder im Kindergarten beim Atari-Go*

Die Erzieherin im Shonaier Kindergarten hatte den Kindern ganz ohne Erklärung der Regeln beigebracht, Go zu spielen!

Einen Monat später machte ich wieder einen Besuch im Kindergarten. Die Erzieherinnen hatten den Kindern offenbar angekündigt, dass ich käme, und alle waren darauf vorbereitet, dass sie mit mir Go spielen würden. Als ich fragte, wer spielen möchte, bildete sich eine lange Schlange. Wir begannen die Partien mit der Regel: ich gewinne, wenn ich drei Steine fange, du gewinnst, wenn du einen fängst.

Ich war überrascht zu sehen, wie gut einige der Kinder spielten. Bis dahin herrschte allgemein die Ansicht, dass nur jemand, der gut Go spielen konnte, es auch lehren könne. Hier lernte ich, dass eine Lehrerin, die nichts über Go weiß, beste Voraussetzungen mitbringt, um Kindern Atari-Go beizubringen. Wenn sich jemand mit Go sehr gut auskennt, dann wird er oder sie darauf drängen, schwierigere Regeln zu erlernen, wovon die Kinder verwirrt werden und davonlaufen. Selbst Erwachsene werden von schwierigen Konzepten, die sie nicht verstehen, über kurz oder lang abgeschreckt, und für Kinder gilt das um so mehr. Abgesehen davon wird jegliche Neigung zu langatmigen Erklärungen der Regeln dazu führen, dass Kinder das Spiel hassen. Als ich den Erzieherinnen im Kindergarten zusah und dabei auf meine eigenen Fehlschläge beim Unterrichten zurückblickte, wurde mir klar, was für eine Herangehensweise hier gefragt war.

Da ich wusste, dass ich nicht oft in den Kindergarten würde kommen können, schlug ich vor, dass ortsansässige Go-Spieler vorbeikommen könnten, aber Herr Tamura, der Leiter des Kindergartens, lehnte den Vorschlag glatt ab. „Ich verstehe Ihr Anliegen, dass wir Go in unseren Erziehungsplan mit aufnehmen. Aber das ist hier kein Go-Club", stellte er klar. „Anleitung zu ernsthaftem Go-Spiel ist nicht notwendig." Tamura verstand sehr gut, dass Go schlicht eines der Instrumente war, um die Entwicklung von Kindern zu fördern. In der Rückschau wird mir klar, dass ohne sein entschlossenes Urteil mein Programm keinen Fortbestand gehabt hätte.

„Leute, die von Go keine Ahnung haben, lehren Go" – das klingt wie eine kryptischer Spruch aus dem Zen-Buddhismus, ist aber ein wichtiger Punkt. Dass ich das Lehren von Atari-Go

Erzieherinnen überlassen hatte, die keine Vorkenntnisse des Spiels mitbrachten, hatte gut funktioniert. Merkwürdigerweise hat sich dies zu einem entscheidenden Faktor dafür entwickelt, dass Atari-Go als Instrument der Erziehung anerkannt wird, nicht nur in Japan, sondern überall auf der Welt.

Erzieherinnen sind in der Lage, die Gefühle der Kinder zu erfassen und gut zu verstehen. Um mit Kindern Spaß am Go-Spiel zu haben, genügt es, diesen Spaß auf gleicher Stufe mit ihnen zu teilen; komplizierte Erklärungen sind unnötig. Auch mit guten Go-Kenntnissen wird man mit dem Spiel keinen Erfolg haben ohne ein Verständnis dafür, was in Kindern vorgeht. Was wichtig ist, ist weder Fachwissen noch Go-Können, sondern die Fähigkeit, Kinder zu verstehen.

Im Shonaier Kindergarten gab es keinen besonderen Zeitrahmen, der für Go reserviert war. Stattdessen baute man Go-Sets auf und überließ es den Kindern, sich spontan mit dem Spiel zu beschäftigen. Die Resultate waren sowohl für die Erzieherinnen als auch für mich überraschend.

Go geht von einer einfachen Regel aus, die Fünfjährige verstehen können: Man fängt einen Stein, oder ein eigener Stein wird gefangen. Kindern macht es bereits Spaß, einfach nur einen Stein zu setzen. Was macht daran so viel Spaß? Die Erzieherinnen erklärten mir, ein Faktor dabei sei das Entdecken, oder die Freude daran, etwas selbst herauszufinden. Die Zahl der möglichen Go-Partien geht ins Unendliche, so dass sich ein und dieselbe Spielstellung wahrscheinlich nie wiederholen wird. Es gibt abertausende Wege, Steine zu fangen und abertausende Wege, sie davor zu retten, gefangen zu werden. Mit jedem Zug macht man einen Schritt in eine unbekannte Welt, und Kinder spielen das Spiel mit voller Konzentration ihrer Kräfte der Intuition und des Denkens. Sowohl das Fangen als auch das Retten stellen Entdeckungen dar. Wenn ich darüber nachdenke, dann verhält es bei uns Go-Profis nicht anders.

Die Freude am Entdecken führt zu einem Anstieg des Selbstvertrauens, welches wiederum das Potential der Kinder stimulieren kann. Es verbessern sich ihre Fähigkeiten auf unterschiedlichen Gebieten. Diese Resultate brachten die Erzieherinnen zu der Ansicht, Go sei anders als andere Freizeitaktivitäten, nämlich eine mit großem Potential für die kindliche Entwicklung.

Im Kindergarten gab es einen kleinen Spitzbuben mit dem Namen Ichan. Er war fünf Jahre alt, ihm lief immer die Nase, und mit den anderen Kindern kam er nicht gut zurecht. Ichan fand Interesse am Go und begann damit, jeden Morgen mit dem Leiter des Kindergartens zu spielen.

Ichans Spiel wurde stärker und stärker, da er regelmäßig mit dem Leiter spielte, und die anderen Kinder fingen an, ihm zu sagen, was für ein guter Spieler er sei. Die Kinder hatten begonnen, ihm Beachtung zu schenken. Bis dahin hatten sie seine laufende Nase ignoriert, aber jetzt sagten sie es ihm, wenn sie lief, und Ichan begann sich um seine Nase zu kümmern.

Ichan wurde selbstbewusster dadurch, dass ihn seine Kameraden akzeptierten, und er fand den Willen, sich neuen Herausforderungen zu stellen. Er war nun in der Lage, sich seine Schuhe selbst anzuziehen und auch mit der Schere umzugehen, was er zuvor nicht gut konnte. Bis dahin hatte er Papier einfach nur in Stücke geschnitten. Eines Tages jedoch fertigte er aus Papier ein Vogelnest in Elefantenform. „Ich hoffe ein Vogel fliegt in das Vogelnest", sagte er. In kürzester Zeit wurde Ichan zu einem Anführer in seiner Gruppe. Die Erzieherinnen waren sehr überrascht ob dieser Veränderung an ihm; eine Veränderung, die auch Einfluss auf die Kinder um ihn herum hatte.

Eines Tages trug sich in der Nähe des Shonaier Kindergartens das folgende Ereignis zu. Nicht weit davon gibt es einen Gemeinschaftsraum für Kinder, in dem Go-Sets zur Verfügung stehen, und dort spielten Grundschulkinder höherer Klassen nach der Schule Go. Unter ihnen war ein stärkerer Spieler, der seinen Freunden den Meister gab und ihnen das Spiel beibrachte. Eines Tages gingen dort einige selbstbewusste Kinder vom Kindergarten vorbei. Jedes Kindergartenkind spielte eine Partie Atari-Go gegen den stärksten Jungen, und sie alle schlugen ihn. Dann wandten sich die Kindergartenkinder einem anderen Spiel zu – und ließen den Jungen mit offenem Mund stehen.

Dieses Ereignis geschah nur wenige Monate, nachdem sie im Kindergarten damit begonnen hatten, Go zu spielen. Schlussendlich waren auch die Erzieherinnen nicht mehr in der Lage, die Kinder zu schlagen. Es ist erstaunlich, zu beobachten, welch große Fähigkeit der Konzentration Kinder besitzen, und wie anpassungsfähig sie sind, wenn sie Spaß haben. Das Potential eines Kindes ist viel größer, als wir es uns als Erwachsene vorstellen. Wenn wir Kinder als unreif etikettieren, übersehen wir womöglich sehr Wichtiges.

Zugleich machten die Erzieherinnen ihrerseits eine Reihe von Entdeckungen. Frau Iwamura Chiga, eine der Erzieherinnen im Shonaier Kindergarten, erzählte mir gerade vor ein paar Tagen von einer davon: „In Kindergärten gibt es Material für eine breite Auswahl an Aktivitäten, wie etwa fürs Malen von Bildern oder für Origami, aber zwischen Go und anderen Aktivitäten besteht ein entscheidender Unterschied. Man beginnt damit, dass man sich dem Gegner gegenüber setzt und „*Onegaishimasu*" sagt [ein japanischer Ausdruck, mit dem man die Bereitschaft des Gegners anerkennt, eine Partie miteinander zu spielen], und am Ende dankt man dem anderen für die Partie.

Beide Spieler fangen gemeinsam an und werden gemeinsam fertig. Nachdem sie eine Go-Partie beendet haben, sind beide Kinder mit dem Spiel zufrieden und wenden sich einem anderen Spiel zu. Wenn sie Bilder malen oder Papier falten, sind die Kinder aber jeweils zu unterschiedlichen Zeitpunkten fertig. Diejenigen Kinder, die bereits fertig sind, suchen dann nach anderen, um zusammen zu spielen, und das frustriert die, die mit ihrer Aktivität noch nicht fertig sind. Alle Go-Partien jedoch enden mit einer gewissen Zufriedenheit, die von beiden Parteien geteilt wird. Als weiteres Beispiel neigen Kinder dazu, mit ihren besten Freunden innerhalb einer eng verbundenen Gruppe zu spielen, und daraus ergibt sich, dass sie nur mit diesen guten Freunden gut zurechtkommen. Nachdem sie aber mit anderen Kindern Go gespielt haben, gehen sie oft mit ihnen gemeinsam zum Tummelplatz, um dort zu spielen. Dadurch erweitern sich die Beziehungen unter den Kindern. Dazu folgen Go-Partien nie dem gleichen Muster, und als Folge entwickeln Kinder bei der Vorwegnahme der gegnerischen Züge Konzentration. In der Erziehung der Kinder ist diese Art von Aktivität etwas ganz Neues."

Die Erzieherinnen machten auch die Feststellung, dass ihre eigenen zwischenmenschlichen Beziehungen sich durch Go verbesserten und ausweiteten. In der Tat hatten sie am Spiel genauso viel Freude wie die Kinder.

Die Relevanz erzieherischer Tätigkeit unter Einsatz von Go wurde auf einer Konferenz zur Kindererziehung in der Präfektur Fukuoka vorgestellt. „Es gibt dafür zwar keine konkreten Daten, aber jedes der Kinder hat die Fähigkeit erworben, seine eigene Meinung auszudrücken und Meinungen Anderer anzuhören. Das ist ein Wandel, der für fünfjährige Kinder erstaunlich ist", berichtete Frau Yamamoto Keiko.

## Das alpine Go-Dorf

Nachdem im Kindergarten in Shonai ein Go-Programm ins Leben gerufen worden war, erhielt ich eine weitere Gelegenheit. Ich wurde gebeten, die Kinder eines städtischen Kindergartens in Omachi, in der Präfektur Nagano, in Go einzuführen. Unter der Leitung des Bürgermeisters Koshihara Yoshimasa verfolgte man in Omachi den Plan, den Ort durch eine Etablierung als „alpines Go-Dorf" zu beleben. Eines Tages besuchte der Bürgermeister den Nihon Kiin, den Japanischen Go-Verband, in Tokyo, um die Umsetzung dieser Idee in die Tat zu besprechen, und dabei traf ich ihn zufällig. Ich erzählte von meiner Erfahrung mit dem Kindergarten in Shonai und bat ihn darum, mir den Besuch einer Vorschule in seiner Stadt zu gestatten, um meine Idee eines Programms zur humanen Entwicklung auszutesten. Der Bürgermeister war gern dazu bereit, und so begann meine Beziehung zu Omachi.

Im August 1994 kam ich in die Daisan Vorschule in Omachi. Wieder wurde ich zu Beginn als Störfaktor wahrgenommen, aber das war verständlich. Es handelte sich um eine städtische Vorschule, und sie konnten sich Anordnungen der Stadtverwaltung nicht widersetzen. Die Reaktionen der Erzieherinnen waren mir bereits vertraut. „Wie können sie zu einer Zeit kommen, um Go zu unterrichten, in der wir so viel zu tun haben?" sagten sie zu mir. Während ich ihnen mein Vorhaben erläuterte, bemerkte ich, wie ein Erzieher eifrig nickte, aber als ich genauer hinsah, wurde mir klar, dass der Erzieher eigentlich dabei war, einzunicken! Vielleicht hegten sie das Vorurteil, Go sei ein dröges Spiel, und hatten darum kein Interesse an mir.

Wie dem auch sei, ich brachte meine Erläuterung zu Ende und entschied dann, es auszuprobieren und mit fünfunddreißig

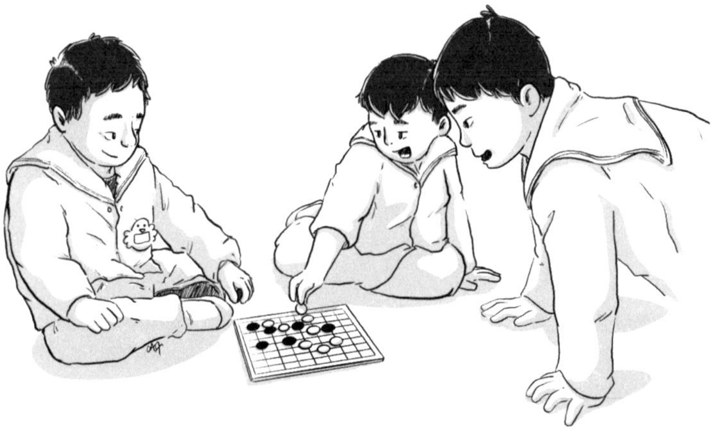

*Vorschulkinder beim Atari-Go*

fünfjährigen Kindern Atari-Go zu spielen. Das Erklären war in einer Minute erledigt: „Umschließen, um zu fangen." Wir begannen sofort damit, Go zu spielen. Wie im Shonaier Kindergarten hatten die Kinder schon kurz darauf Spaß am Spiel, und während sie sich vollkommen darin vertieften, leuchteten ihre Augen. So hatten sich die Erzieherinnen das nicht vorstellen können, und schließlich erkannten sie, dass nichts schwierig daran war, Atari-Go zu spielen.

„Ich gewann die Überzeugung, das würde funktionieren", sagte Frau Takizawa Taeko, die Leiterin der Vorschule. Frau Takizawa hatte natürlich noch nie Go gespielt. Als sie von der Stadtverwaltung gebeten worden war, mir den Besuch zu erlauben, war sie sehr überrascht gewesen, da sie gedacht hatte, mit dem Konzept des „alpinen Go-Dorfs" hätten Vorschulen nichts zu tun. Eines machte mir jedoch klar, dass die Erzieherinnen wirklich professionelle Pädagoginnen waren: Sie hatten immer im Blick, was für die Kinder am Wichtigsten sei. Nach der Go-Einführung sprach ich noch einmal mit den Erzieherinnen, und diesmal war ihre Haltung eine völlig andere. Als ich darüber sprach, weshalb Go notwendig sei, verstand Frau Takizawa, worum es mir ging.

Der Wandel, der an der Daisan-Vorschule geschah, war der gleiche Wandel wie der, den ich am Shonaier Kindergarten erlebt hatte. Erstaunlich war vor allem die Konzentrationsfähigkeit der

Kinder. Kinder können nicht stillsitzen, wenn ihnen langweilig ist, und die Pädagoginnen hatten nicht glauben mögen, dass eben diese kleinen Kinder dreißig Minuten oder sogar eine Stunde lang stillsitzen würden, wenn sie sich aufs Go-Spiel konzentrierten.

Es gab noch ein weiteres positives Resultat an der Daisan-Vorschule. Die Kinder, die Go spielen lernten, erzählten ihren Familien davon, und sie begannen, mit ihren Geschwistern und Eltern zu spielen. Das rief unter den Eltern große Resonanz hervor. Frau Takizawa erzählte mir, dass einige der Eltern darum baten, eine Go-Spielzeit einzurichten, an der sowohl Kinder als auch Eltern teilnehmen konnten. Manche der Eltern fertigten Partieaufzeichnungen an, um nachfragen zu können, was für Züge sie hätten spielen sollen. Die Erzieherinnen hatten noch nie erlebt, dass Eltern sich auf so positive Weise engagierten. Und nicht nur das – dort, wo drei Generationen in einem Haushalt zusammenlebten, lernten Großväter und Großmütter, Atari-Go zu spielen, und konnten sich mit ihren Enkeln nun besser austauschen. Davor mangelte es ihnen aufgrund des Generationsunterschieds an Gelegenheiten, miteinander umzugehen, aber nun spielten sie gern miteinander Go. Ein lokaler Fernsehsender brachte eine Reportage über diese Geschichte.

Frau Takizawa erklärte es so: „Es gibt in der Kindererziehung verschiedene Bereiche, wie etwa Musik, Sprache, Leibesübung, Gesundheit. Wir leiten Kinder jeweils bezogen auf diese Bereiche an. Go fällt jedoch nicht in eine spezielle Kategorie. Lehren oder Anleiten schließt das Konzept ein, dass Pädagogen ein Modellbeispiel liefern, an dem sich die Kinder orientieren können. Beim Go jedoch lernen die Kinder eine einfache Regel und denken über den nächsten Zug nach, wenn sie ihren Freunden beim Spielen zuschauen. Das können sie ohne Modell. Etwas Derartiges gab es bislang nicht, und nun führt es uns dazu, die Erziehung von Kindern zu überdenken."

Es gibt im Go kein festes Spielmuster. Das Spiel bildet ein Kontinuum aus Kreativität und Entdeckung. Das ist der Grund dafür, dass es kein Modell gibt. Wenn wir selbst spielen oder auch wenn wir anderen beim Spielen zusehen, kommen wir nicht weiter, wenn wir nicht unsere eigene Denkfähigkeit und Kreativität in vollem Maße ausschöpfen. Obgleich ich Go-Profi bin, hatte ich so noch nie darüber nachgedacht, und ich fand in dem, was ich von Frau Takizawa hörte, etwas erfrischend Neues.

Die Go-Aktivitäten an der Daisan-Vorschule haben sich seither auf sieben weitere Vorschulen in der Stadt ausgeweitet. Es ist ein seltenes Glück, zu erleben, wie Kinder von einer Sache so fasziniert sind, dass ihre Gesichter aufleuchten.

Im Juli 1995 fand ein landesweites Treffen statt, das Vorschulen und Kindergärten zusammenführte, die Atari-Go ins Programm aufgenommen hatten. Es war das erste Treffen, das unter der Überschrift „Go-Erziehung" veranstaltet wurde. Die Ergebnisse der Studien, die vorgestellt wurden, waren allesamt außergewöhnlich. Das Folgende ist dem Referat der Daini-Vorschule in Omachi entnommen.

„Unsere Erfahrungen mit Go haben mich zur Erkenntnis gebracht, dass Kinder größere Entwicklungsfähigkeiten besitzen, als wir Erwachsenen uns vorstellen. Ich dachte, dass Kinder auf keinen Fall in der Lage sein könnten, ihre Eltern zu schlagen, und dass es herzlos wäre, wenn man sie nicht gewinnen ließe. Aber wie sehr ich mich auch anstrenge, gelingt es mir jetzt nur noch selten, mein Kind zu schlagen. Das ärgert mich zwar ein bisschen, aber ich bin zugleich glücklich, dass ich dieses Potential in meinem Kind entdecken durfte.

Heutzutage neigen Kinder dazu, fernzusehen und Computerspiele zu spielen, ohne sich mit ihren Eltern zu unterhalten. Meine Kinder jedoch wollen oft, dass ich mit ihnen Go spiele. Und das mache ich, und in freien Momenten, zu entspannter Zeit am Abend oder auch während ich mich um den Haushalt kümmere unterhalten wir uns. Ich bin sicher, dass die Kinder, wenn sie erwachsen sind, sich an die Herzenswärme und die kostbare Zeit erinnern, die sie in ihrer Jugend erlebt haben. Außerdem denke ich jedes Mal, wenn ich dabei zuschaue, wie Kinder mit den Erzieherinnen an der Vorschule Go spielen, was für ein Glück sie haben, und bin dankbar für die Aufmerksamkeit, die ihnen die Erzieherinnen entgegenbringen."

Geschichten dieser Art gab es viele. Man sagt, dass in der heutigen Gesellschaft weniger Kommunikation zwischen Eltern und Kindern stattfindet. Man sagt auch, dass die zwischenmenschlichen Bindungen schwächer werden. Go regt die Kinder sicherlich an, aber ich war besonders froh darüber, das Programm fortgeführt zu haben, als ich erfuhr, dass es zum Dialog zwischen Eltern und Kindern beitrug.

Das Wort „Go" ist eine Variante des im Japanischen geläufigeren Namens des Spiels, der Igo lautet und „Umzingelungsspiel" oder „Umschließungsspiel" bedeutet.

Go wird im Japanischen auch *Shudan* genannt, was wörtlich „Handgespräch" oder „Kommunikation mit den Händen" bedeutet. Es handelt sich um eine Kommunikation von einem Herzen zum anderen, ohne die Notwendigkeit von Worten. Kommunikation ist daher ganz unabhängig von Alter, Geschlecht oder Nationalität möglich. Jedes Mal, wenn ich Briefe von Müttern lese, bin ich davon beeindruckt, dass die Leute von früher, die den Ausdruck *Shudan* verwendeten, wussten, dass Menschen durch Go kommunizieren können.

Ich lernte im Kindergarten noch eine weitere wundersame Bedeutung von Go kennen. Das Folgende stammt aus einem Brief von Frau Tanaka Miwako, einer damaligen Erzieherin an der Daisan-Vorschule: „Mir ist aufgegangen, dass der Ursprung des Namens „Go" von der Szene herrührt, in der alle das Brett umschließen und über die Züge nachdenken. Zuerst hatte ich gedacht, der Ausdruck beziehe sich auf die Steine, die man umschließt, um sie zu fangen, aber was für ein wunderbares Bild ist doch das Brett als solches, das umschlossen wird. Angesichts der sich mit ihren Freunden ums Brett scharenden Kinder ist mir das klar geworden. Das nächste Mal, wenn mich jemand fragt, was Go ist, weiß ich, was ich antworte. Ich habe erkannt, dass in ihm der Kern der zwischenmenschlichen Beziehungen steckt, von denen Herr Yasuda gesprochen hat. Also der Ausgangspunkt von Kommunikation, von menschlichen Beziehungen, von Freundschaften."

Mir ist noch immer präsent, wie sehr mich dieser Brief beeindruckt hat. Ich hatte immer wieder betont, dass Go die Kommunikation fördere, aber über diese Interpretation des Ausdrucks hatte ich nicht nachgedacht, dass Leute, die sich um ein Brett scharen, dadurch eine Verbindung eingehen. Bis dahin hatte ich gedacht, dass solange Kinder Spaß haben, es egal sei, was sie spielen. Bei näherer Überlegung gibt es jedoch kaum ein Spiel, das Menschen ungeachtet ihres Alters, Geschlechts oder ihrer Sprache auf gleicher Stufe genießen können. Sie alle werden miteinander verbunden, wenn sie ein Brett umschließen.

Als ich die Daisan-Vorschule das erste Mal besuchte, hatte ich nicht bemerkt, dass unter den fünfunddreißig Kindern, die sich dem Go-Spiel hingaben, auch ein Kind mit geistiger Behinderung war. Später sagte eine der Erzieherinnen zu mir: „Wir haben sie noch nie so glücklich lächeln gesehen."

Ich wusste, dass jeder in der Lage ist, Go zu spielen, und hatte das auch überall so erzählt. Aber ich war mir nicht so sicher, ob Kinder mit geistiger Behinderung Go spielen könnten. Mit anderen Worten, ich hatte keine Erfahrung mit Menschen dieser Art. Dieses Beispiel an der Vorschule gab mir die Idee, einmal bei Institutionen für Menschen mit Behinderung anzuklopfen. Weder das Personal an diesen Einrichtungen noch ich selbst ahnten, welch unglaubliche Erfahrungen wir machen sollten.

## Die Insel Nokonoshima

In der Hakata-Bucht auf Kyushu liegt eine kleine Insel namens Nokonoshima, auf der insgesamt etwa 900 Menschen leben. Ich glaube es war im Sommer 1994, als ich mich auf Empfehlung eines Freundes auf die Insel begab, um die dortige Grund- und Mittelschule zu besuchen. Die Kinder an beiden Schulen hatten Spaß an Atari-Go, besonders im Gedächtnis geblieben ist mir jedoch mein Erlebnis an der Grundschule.

Die gut vierzig Schülerinnen und Schüler an jener Schule waren alle gemeinsam in einem Klassenzimmer versammelt, ihre Gesichter voll Neugier, wer sie da besuchen kam. An den Gesichtern war jedoch auch eine Spur von Misstrauen oder zumindest Vorbehalt abzulesen. Was ich als Erstes zu tun hatte, war dafür zu sorgen, dass sie mir vertrauten.

Ich fragte sie zunächst nach ihren Namen und was sie für Hoffnungen oder Träume für die Zukunft hatten. Als ich das Klassenzimmer betreten hatte, war mir ein Junge besonders aufgefallen. Der Junge gab sich trotzig, indem er sich in seinem Stuhl zurücklehnte. Er änderte seine Haltung nicht, als ich mit dem Lehrer den Raum betrat, und ich spürte seinen Eigensinn. Nennen wir ihn hier Kazuya. Ich fragte ihn nach seinen Zukunftsplänen.

„Was möchtest du mal werden?"

„Ich möchte Profi-Fußballer werden."

„Was musst du dafür tun, um Profi-Fußballer zu werden?"

„Also, wenn das möglich ist, dann möchte ich Profi-Fußballer werden."

Ich sprach lauter. „Wenn das möglich ist? Mit so einer zaghaften Einstellung wird niemand Profi. Du brauchst dir nicht vorzustellen, Profi-Fußballer zu werden, wenn du so denkst. Was du stattdessen denken solltest, ist: Wo ein Wille ist, ist auch ein Weg."

Dann sprach ich darüber, wie ich Profi-Go-Spieler wurde. „Ich habe von meinem Großvater gelernt, wie man Go spielt, und das Spiel hat mich so fasziniert, dass ich ein guter Spieler werden wollte. Da sagte mein Großvater zu mir, wenn ich das wirklich wolle, dann müsse mein Ziel sein, der beste Go-Spieler der Welt zu werden. Daraufhin hatte ich beim Go-Lernen immer diesen Traum vor Augen." Kazuyas Miene veränderte sich.

Im Laufe der dreißig Minuten meines Vortrags begannen die Kinder sich mir gegenüber zu öffnen. Jetzt war der Zeitpunkt gekommen, ihnen Go zu zeigen. Ich erklärte die Regel – Umschließen, um zu fangen – und wir fingen direkt an zu spielen. Ich hatte festgelegt, dass das Fangen von fünf Steinen einen Sieg bedeutete, und die Partien waren in kürzester Zeit vorbei. Während die Kinder auf die Bretter starrten, boten ihre Gesichter ein wahres Schauspiel an Vergnügen.

Als die Kinder das Spiel verstanden hatten, starteten wir einen Wettkampf, um den Champion jeder Klasse zu ermitteln. Daraufhin spielten alle Champions ein Turnier gegeneinander. Die übrigen Kinder feuerten sie von beiden Seiten an. Man stellt sich Go allgemein als ein leises Spiel vor, aber so ist es nicht. Wenn Kinder Go spielen, werden sie von all ihren Kameraden angefeuert. „Nicht da!" rufen sie, „Hier ist besser."

Nach einer Weile kam einer der Jungen zu mir. „Ich hätte gern, dass du mit mir spielst", sagte er. Es war Kazuya. Als ich mit ihm Go spielte, merkte ich gleich, dass er gelernt hatte, wie man Steine verbindet, um sie davor zu schützen, dass sie gefangen werden. Ich hatte nur erklärt, wie man umschließt, um zu fangen, jedoch nicht die Taktik erwähnt, Steine miteinander zu verbinden. Kazuya hatte das selbst herausgefunden. „Du hast viel gelernt,

Kazuya", sagte ich und klopfte ihm dabei auf die Schulter, worauf Kazuya mir ein breites Lächeln schenkte.

Eine der Lehrerinnen sagte später zu mir: „Wir machten uns heute ernsthaft Sorgen, weil es in der Klasse einen Jungen mit einem Verhaltensproblem gibt, und wir fürchteten, er würde die Spiele verderben." Der Junge, den sie meinte, war Kazuya. Mittlerweile hat Kazuya viele Freunde und kümmert sich gut um die Jüngeren. Aber er ist hypersensibel, und das macht es ihm schwer, den Erwartungen Anderer zu entsprechen. Erwachsene versehen Kinder dieser Art häufig mit dem Etikett „Verhaltensproblem". Die Begegnung mit Kazuya ging mir nahe und brachte mich dazu, mehr über Kinder mit Verhaltensproblemen nachzudenken, und heute zählt sie zu meinen kostbaren Erinnerungen.

Eines Tages ergab es sich, dass ich auf der Fähre zur Insel mit einer jungen Frau sprach. Es gibt dort ein Heim für Menschen mit schwerer geistiger Behinderung, das den Namen Himawari-no-sato trägt, und sie erzählte mir, dass sie dort arbeite. Ich erinnerte mich gut an meinen Besuch an der Daisan-Vorschule in Omachi, an der es ein Kind mit geistiger Behinderung gab, in dessen Gesicht sich im Lauf der Go-Partien nach und nach seine Gefühle offenbarten. Ich reichte der Dame meine Visitenkarte und versuchte sie von der Idee zu überzeugen, im Heim eine Einführung in Atari-Go anzubieten. Irgendwie hatte ich ein gutes Gefühl, dass sich daraus etwas entwickeln könnte.

Offenbar brachte sie ein derartiger Vorschlag aus heiterem Himmel in Verlegenheit. Ihrem Gesicht nach zu urteilen hatte sie keine Ahnung, wovon ich redete. Ich beharrte nicht weiter, und sie kontaktierte mich nie. Einige Zeit später bat ich über den Umweg einer meiner Bekanntschaften um die Erlaubnis, das Heim zu besuchen, aber sie wimmelten mich auf diplomatische Weise ab. Schließlich jedoch, im Herbst 1995, durfte ich das Heim besuchen.

Sakiyama Hiroyasu, der schon lange am Heim bedienstet war, empfing mich zwar, aber er wirkte skeptisch. Er konnte sich überhaupt nicht vorstellen, dass Menschen mit Behinderung Go spielen. Er konnte es ja noch nicht einmal selbst! Natürlich waren mir am Anfang von Seiten des pädagogischen Personals an Kindergärten und Vorschulen die gleichen Zweifel begegnet. Mir war klar, dass wahrscheinlich niemand meine Idee, Menschen mit Behinderung Go beizubringen, mit offenen Armen empfangen würde.

Wenn man mich gefragt hätte, ob ich mir zutrauen würde, ihnen Go beizubringen, dann hätte ich einräumen müssen, dass ich nicht recht wusste, wie sich das gestalten würde, da ich keinerlei Erfahrung hatte. Ich hatte auch keine konkreten Vorstellungen davon, wie ich sie Go lehren sollte. Ich betete schlicht um ein Wunder.

Himawari-no-sato ist ein prächtiges zweistöckiges Haus, das auf den Höhen der Insel gelegen ist. Sechzig Menschen mit Behinderungen jeden Grades leben dort. Am betreffenden Tag versammelten sich alle sechzig im Speisesaal im zweiten Stock, und ich stellte ein großes Demo-Go-Brett auf.

Beim Betreten des Heims war mir aufgefallen, dass die Stimmung eine andere war, als ich sie mir vorgestellt hatte. Es gab welche, die lagen auf dem Boden, andere, die durch die Gegend rannten, und wieder andere, die schrieen. Der Applaus, mit dem sie mich empfingen, war jedoch von einer Wärme, wie ich sie zuvor noch nie erlebt hatte. Das war kein höflicher, förmlicher Applaus, sondern ich konnte spüren, dass diese Begeisterung tief aus ihrem Inneren kam, von Herzen. Das nahm mir meine Befangenheit, und ich freute mich auf die vor mir liegende Herausforderung.

Ich erläutere an solchen Einrichtungen nicht sofort die Regel „Umschließen, um zu fangen". Schon einen Stein zu setzen stellt die Leute dort vor eine schwierige Aufgabe, vom Spielen einer Partie Atari-Go ganz zu schweigen. Wie an Kindergärten oder anderen schulischen Einrichtungen verwenden wir ein großes Go-Brett, so dass alle am Spiel ein und derselben Partie teilhaben können. Jede Person kommt für sich allein ans Brett, um einen Stein zu setzen. Alles, was sie tun muss, ist einen Stein aufs Brett setzen. Daraufhin spendieren ihr die Anderen Applaus. Am Ende waren im Heim auch noch die Schüchternsten in der Lage, ans Brett zu kommen, und alle erhielten Beifall.

Nach zwei oder drei Einsätzen hatten sie es heraus, Steine zu setzen. Dann ereignete sich etwas Unglaubliches. Ihre Augen begannen zu leuchten. Ich war genauso überrascht wie die Pädagogen, Herrn Sakiyama eingeschlossen. Manche der Ansässigen sind bettlägerig und zeigen in ihrem Gesicht nur wenig Ausdruck, und nun lächelten eben jene, standen sogar auf und kamen ans Brett. Es spottete jeder Vernunft.

Was für ein wunderbares Lächeln sie sehen ließen, jedes Mal wenn sie nur einen Stein setzten! Sakiyama sagte zu mir, dass manche von ihnen einen neuen Pädagogen jahrelang nicht anlächeln. Infolgedessen war es für ihn unfassbar, dass ich mit ihnen nur eine Stunde bei meinem ersten Besuch verbrachte, und ein solches Lächeln in ihren Gesichtern stand.

Diese Heime für Menschen mit Behinderung sind in vielerlei Hinsicht von der Außenwelt abgeschottet. Man könnte wohl sagen, die Menschen, die in diesen Heimen leben, werden gemeinhin vergessen. Angesichts des Lächelns dieser „vergessenen" Menschen sagte Sakiyama, dass die Anerkennung, die sie durch den Applaus der Anderen erführen, ihnen einen Grund liefere für ihre Existenz. Mit anderen Worten, die Menschen, die in diesen Heimen leben, brauchen Anerkennung. Und sobald sie anerkannt werden, öffnen sich ihre Herzen, und die Freude steht ihnen ins Gesicht geschrieben.

Wir haben gesehen, wie Go die Augen von Kindern in Kindergärten und Vorschulen zum Leuchten gebracht hat. Der gleiche Vorgang spielte sich im Heim für Menschen mit geistiger Behinderung ab, und sowohl die Pädagogen im Heim wie auch ich selbst haben wichtige Dinge gelernt: Wir haben gelernt, dass es gleichgültig ist, ob wir Go gut spielen können oder nicht; stattdessen kommt es darauf an, dass wir von Angesicht zu Angesicht auf gleicher Stufe kommunizieren können. Wenn wir vom „Angesicht" einer Person sprechen, dann denken wir sie uns auf der gleichen Stufe wie wir selbst. Es bedeutet, dass wir die Person sehen, wie sie ist, ohne vorgefasste Meinung oder Vorurteil. Dieses Konzept ist nicht gerade schwer in Worte zu fassen, aber wie viele von uns treten im täglichen Leben anderen von Angesicht zu Angesicht gegenüber? Entweder ist dieses Prinzip in Vergessenheit geraten, oder es ist in unserem Alltag abhanden gekommen.

Sobald die Leute in den Heimen damit vertraut sind, Steine zu setzen, erkläre ich die Regel „Umschließen, um zu fangen". Manche sind dazu in der Lage, die Regel zu verstehen, und manche nicht, aber das kümmert mich nicht weiter. *Der Sinn und Zweck meiner Verbreitung von Go ist nicht, gute Spieler hervorzubringen, sondern Go als Mittel zur Kommunikation zu nutzen.* Ich habe das gleiche Ziel im Sinn, ob ich nun Kindergärten, Vorschulen oder Heime wie Himawari-no-sato besuche. Deshalb kommt es nicht darauf an, in welchem Maße sich eine Verbesserung des Spiels einstellt. Wenn sie einen Stein setzen können und das ihre Augen zum Leuchten bringt, dann hat das Programm seinen Zweck erfüllt.

Einige Monate später machte ich wieder einen Besuch im Himawari-no-sato. Anstelle des Speisesaals bekamen wir diesmal einen Raum zugeteilt, und wir probierten aus, Atari-Go in Einzelpaarungen zu spielen. Nach einer Weile brachte Sakiyama einen jungen Mann zu mir und stellte ihn mir als ihre Geheimwaffe vor. Sein Name war Tsuru, und er war in meinem Alter. Bei diesem ersten Kontakt sah er mir nicht ins Gesicht, so wie immer, wenn er einem Fremden begegnet. Als ich ihn ansprach, rannte er weg. Aber er schien Interesse an Go zu haben, und bald bemerkte ich, dass er Blicke auf meine Partie warf. Ich nahm ihm beim Arm und ließ ihn mir gegenüber für eine Partie Platz nehmen. Während der Partie schaute Tsuru kein einziges Mal auf. Ich beugte mich hinab, um in sein Gesicht zu sehen, aber er drehte es fort.

Er war sehr schüchtern, aber wenn es darum ging, Go zu spielen, dann spielte er nicht nur gut, sondern war ein so guter Spieler, dass unter den Pädagogen vom Himawari-no-sato ihn keiner schlagen konnte. Als ich ihm auf die Schulter klopfte und ihm sagte, er sei super, sah er zum ersten Mal auf und lächelte mich breit an. Die Pädagogen waren natürlich erstaunt, denn Tsuru lächelt nie, bevor er nicht jemanden sehr gut kennengelernt hat. Später sollte ich von Tsuru etwas ganz Wichtiges lernen.

Bei meinem dritten Besuch im Himawari-no-sato spielte Tsuru Go mit jemand anderem, so wie ich auch. Da bemerkte ich, wie Tsuru versuchte, mir etwas mitzuteilen; er fixierte mich mit seinem Blick. In der Zwischenzeit war er ein wirklich guter Spieler geworden, bei weitem der beste im Heim. Als ich auf sein Brett sah, war er am Zug. Er konnte mit dem nächsten Zug die Steine seines Gegners fangen, wenn er wollte. Er sandte mir eine stille Botschaft: „Kann ich diese Steine fangen?" Ich sagte nichts, deutete aber mit den Augen eine bejahende Antwort an, und er fuhr fort und fing sie. So wiederholte sich das dreimal. Beim vierten Mal fing Tsuru die Steine nicht, obgleich er wusste, dass er es konnte. Stattdessen setzte er einen Stein, so dass sein Gegner ihn fangen konnte. Zum ersten Mal fing sein Gegner einen Stein, woraufhin jener außer sich vor Freude durch den Raum rannte. Tsuru freute sich, dass sein Gegner sich freute, und lächelte auch. Sein Gesicht strahlte vor Glück.

Zu jener Zeit dachte ich darüber nach, was Mitgefühl für andere heißt. Ich war mir nicht sicher, ob ich wirklich verstand, was der Begriff bedeutete. Ich hatte darüber zuvor mit den Erzieherinnen an einer Vorschule diskutiert, aber wir waren zu keinem klaren Fazit gekommen. Seitdem waren mir die Worte „Mitgefühl für Andere" nicht aus dem Kopf gegangen. Nun entstand in meinem Geist eine Verknüpfung zwischen dem, was Tsuru für seinen Gegner getan hatte, und dem Ausdruck „Mitgefühl".

Auf dem Gebiet der Erziehung sagen alle, Mitgefühl für Andere sei sehr wichtig; dass wir wollen, dass aus Kindern Menschen werden, die auch an Andere denken. Aber was heißt Mitgefühl? Bedeutet es, sich Menschen gegenüber barmherzig zu verhalten, die sich in Schwierigkeiten befinden? Dies könnte man unter Umständen so auffassen, dass man sich dazu zwingen müsse, sich Anderen gegenüber barmherzig zu verhalten. Wenn wir uns aber zwingen müssen, sollten wir es dann tun, einfach nur um ihnen zu helfen?

Tsurus Tat gab mir auf diese Fragen eine Antwort. Wir sind glücklich, wenn wir das Glück der Anderen sehen. Wenn wir ihr Glück sehen, haben wir daran teil. Das ist es: Glück teilen. Seitdem erzähle ich jedes Mal, wenn ich über Mitgefühl rede, die Geschichte von Tsuru, und immer stelle ich fest, dass die Leute mit mir einig sind.

Wir verwenden die Ausdrücke „normal" und „behindert". Wir bemitleiden die „Behinderten" und haben darum das Gefühl, dass wir etwas für sie tun sollten. Menschen mit Behinderung wollen jedoch kein Mitleid. Sie mögen im Gegenteil unser Bemühen sogar als keineswegs hilfreich empfinden. Auch wenn wir in Heime gehen und dort ehrenamtlich arbeiten, ist es nicht reine Selbstgefälligkeit, wenn wir denken, wir seien fähiger als sie?

Tsuru ließ seinen Gegner seine Steine fangen, und als er die Freude seines Gegners sah, freute er sich auch. Da gab es keine überlegene Haltung, ein guter Spieler zu sein, oder seinen Gegner „gewinnen zu lassen". Das Mitgefühl von Tsuru war viel größer als unseres. Ähnliche Fälle habe ich in anderen Heimen erlebt. Ist es richtig, von solchen Menschen, die uns auf geistiger Ebene voraus sind, als „behindert" zu sprechen?

Die Menschen in diesen Heimen sind nicht dazu in der Lage, bestimmte Dinge zu tun. Sie besitzen jedoch ganz grundlegende menschliche Qualitäten wie Güte und Rücksichtnahme in Hülle und Fülle. Durch den Kontakt mit ihnen habe ich mich selbst verändert. Ein Foto war nötig, um mir diesen Wandel vor Augen zu führen. Meine Kollegen hatten mir gegenüber geäußert, sie sähen mich nie lächeln. In diesem einen Foto aber, aufgenommen während ich mit den Leuten im Heim Go spiele, zeige ich ein wunderbares Lächeln. Ich hatte keine Ahnung, dass ich so lächeln konnte. Meine Rolle im Heim bestand darin, den Spielenden Steine auszuhändigen. Jeder und jede Einzelne von ihnen kam mit derart glücklichem Lächeln im Gesicht nach vorne, dass sich ihre Herzenswärme auf mich übertragen haben musste, als ich ihnen ihren Stein in die Hand gab. Ihre Freude gab mir Energie und spülte negative Gedanken in mir fort.

In mir wuchs allmählich der Gedanke, es wäre keine schlechte Sache, Kinder in Vorschulen und Kindergärten an ihrer Herzenswärme und Rücksichtnahme auf Andere teilhaben zu lassen. Ich fand, dass Kinder diese Erfahrung machen sollten, solange sie noch klein und reinen Geistes sind.

Eines Tages veranstalteten wir schließlich einen Go-Austausch zwischen den ältesten Kindern an der Noko-Vorschule und den Bewohnern des Himawari-no-sato. Die Kinder der Vorschule spielten mit den behinderten Menschen Atari-Go. Wie gewohnt setzte Tsuru einen Stein so, dass sein Gegner ihn fangen konnte. Das Kind ergriff die Gelegenheit, mit dem nächsten Zug den Stein zu fangen und rannte vor lauter Freude durch den Raum, und Tsuru sah beglückt zu.

Am Anfang jedoch lief der Go-Austausch nicht so reibungslos wie heute. Damals bestand er aus sechzig Teilnehmenden vom Himawari-no-sato und sechs Kindern aus der Vorschule. Als man sich im Speisesaal versammelte, wurden die Kinder der Vorschule nervös. Manche der Heimbewohner legten sich auf den Boden und andere schrieen, und da fing eines der Kinder an zu weinen. Ich war beunruhigt, fand jedoch, dass ich den Dingen ihren Gang lassen müsse. Ich sortierte sie zum Go-Spielen in mehrere Gruppen und verteilte sie auf unterschiedliche Räume.

Binnen kürzester Zeit hatten die Kinder Spaß an den Partien, und es ertönte viel lautes Gelächter. Die Kinder waren sensibel genug um erkennen, dass diese Menschen, auch wenn man sie als „behindert" bezeichnete, reinen und warmen Herzens waren. Nach den Partien sprachen die Kinder und die Bewohner miteinander, was uns alle in Staunen versetzte. Obgleich es manchmal bis zu drei Jahren dauert, bevor sie überhaupt jemanden grüßen, unterhielten sich die Bewohner nach nur einer Partie Go fröhlich mit den Kindern. Es bildeten sich angeregt durch Go sogar Freundschaften unter ihnen.

Ein Jahr später wurde erneut ein Austausch zwischen den beiden Gruppen veranstaltet. Die neuen Kinder der obersten Klassenstufe an der Vorschule besuchten zum ersten Mal Himawari-no-sato. Wie im Vorjahr waren die Kinder angespannt. Himawari-no-sato beherbergt auch Menschen mit schwerer geistiger Behinderung, darunter eine junge Frau im Rollstuhl. Sie starrte mit ausdruckslosem Gesicht ins Leere. Eines der Mädchen aus der Vorschule ging zu der Frau im Rollstuhl hin und ließ sie einen schwarzen Stein greifen. Dann stützte sie den Arm der Frau und half ihr dabei, den Stein aufs Brett zu setzen. Dann setzte das Mädchen einen weißen Stein. Erneut stützte sie den Arm der Frau und half ihr, einen schwarzen Stein zu setzen und erklärte ihr dabei das Umschließen von Steinen. So wiederholte sich das einige Male. „Sie lächelt!" rief plötzlich das Mädchen. Und in der Tat, die Frau, die normalerweise kaum eine Regung zeigte, lächelte. Mir liefen Tränen über die Wangen. Das Mädchen wollte nichts weiter, als mit einem anderen Menschen Go spielen, und als die Frau das Gemüt des Mädchens wahrnahm, antwortete sie ihr mit ihrem besten Lächeln. Was für ein unvergesslicher Moment!

Berührung ist für Menschen wichtig. Damit ist nicht notwendigerweise körperliche Berührung gemeint, sondern eine Berührung der Herzen. Das fünfjährige Mädchen zeigte uns, dass es nicht genügt, wenn wir Erwachsenen einfach nur Slogans oder Theorien herunterbeten wie „Nimm Rücksicht" oder „Formung eines guten Charakters".

Stattdessen sollten wir Umgebungen schaffen und fördern, in denen Menschen miteinander interagieren können. Es ist schwer, all das in Worten auszudrücken, was in mir vorging, aber in mir wuchs die Erkenntnis, dass im Go ein Potential verborgen war, Kommunikation zu fördern, das weit über das hinausging, was ich mir selbst zuvor hatte vorstellen können.

## Erfahrungen im Anjaen

In Shonai, Präfektur Fukuoka, gibt es ein Heim für Menschen mit geistiger Behinderung, das Kasamatsu Anjaen heißt. Das Anjaen beherbergt einhundert Personen mit leichten Behinderungen im Alter von achtzehn bis sechzig Jahren. Nachdem ich an anderen Zentren dieser Art Erfahrung gesammelt hatte, war ich zuversichtlich, was die Einführung des Programms dort anging. Über Herrn Ichiba, der die Tätigkeit am Shonaier Kindergarten vermittelt hatte, bat ich die soziale Wohlfahrtsorganisation um Erlaubnis, dort hinzugehen, und das Anjaen lud mich sogleich ein.

Das Personal war wie üblich verblüfft, da es dem verbreiteten Vorurteil anhing, Menschen mit Behinderung seien nicht dazu fähig, Go zu spielen. An diese Reaktion hatte ich mich gewöhnt, und sie kümmerte mich nicht länger. Die Menschen im Anjaen hatten vom ersten Tag des Programms an eine Menge Spaß. Da es insgesamt einhundert waren, dauerte es lange, bis man an die Reihe kam. Ich besuchte das Anjaen von da an alle zwei Monate, was hieß, dass diese einhundert Menschen nur ein Mal in zwei Monaten die Gelegenheit hatten, Atari-Go zu spielen; aber ich konnte dennoch erkennen, dass sich bei ihnen ein allmählicher Wandel vollzog. Applaus von einhundert Leuten klingt herrlich, und vielleicht war dieser dabei hilfreich, ihnen allen Mut zu machen. Einige von denen, die zuerst kein Interesse an Go gezeigt hatten, veränderten sich in kürzester Zeit. Manche, die zu Anfang Steine in die Felder gesetzt hatten, lernten nun, die Steine dorthin zu setzen, wo sich Linien kreuzen, und sie erwarben die Fähigkeit, Steine zu fangen, indem sie sie umschlossen. Sie lernten aber nicht nur, Atari-Go zu spielen; auch ihr Ausdruck änderte sich, und ihr Gang wurde sicherer und fester. Yamasaki Katsumi, Ausbildungsleiter im Anjaen und ohne Go-Kenntnisse, mochte kaum glauben, in welch kurzer Zeit die im Heim Ansässigen sich verändern konnten.

Im Anjaen gibt es einen Go-Meister, Herrn Endo. Er wusste, wie man Go spielt, aber niemand vom Personal, und so hatte er keine Gelegenheit, sein Talent zu nutzen. Es war interessant zu beobachten, wie er seine Sitzposition im Klassenraum allmählich verlagerte, nachdem im Anjaen Go eingeführt worden war. Herr Endo war so schüchtern, dass er zu Anfang hinten im Raum Platz nahm. Mit der Zeit begann er, sich einen Stuhl weiter vorne zu nehmen, und eines Tages saß er in der vordersten Reihe. Er begann, auf sich aufmerksam zu machen, nachdem er sah, dass er keinen Rivalen hatte, was das Go-Spiel betraf. Ich sprach mit ihm persönlich und wies ihn darauf hin, dass es für einen Go-Meister manchmal notwendig ist, den Gegner gewinnen zu lassen, in Rücksichtnahme darauf, wie der Gegner sich fühlt. Von da an begann Herr Endo sich dorthin zu setzen, wo er nicht auffiel, und die anderen ohne jede Überheblichkeit zu unterstützen. Auch die Kleidung, die er trug, änderte sich. Zu Beginn trug er nur dunkle Farben, jetzt trägt er bunte, zum Beispiel gelbe Hemden. Er hatte an Selbstbewusstsein gewonnen. Eines Tages gab er sogar Anweisungen, wo die Stühle für den Go-Kurs platziert werden sollten. Das war nicht mehr der Herr Endo, den ich am Anfang kennengelernt hatte!

In einem anderen Fall war eine junge, zaghafte Frau nicht dazu zu bewegen, sich vor den Augen der Anderen hinzustellen, aber nun rennt sie vor lauter Freude durch den ganzen Raum, wenn sie einen Stein gefangen hat. Wenn ich alle der Reihe nach durchgehe, dann sehe ich, wie sie sich verändert haben, sei es in ihrer Erscheinung oder im Verhalten. Erfolg und Scheitern sind nicht so wichtig, wenn lauter Applaus und freundliches Gelächter einen zum Helden oder zur Heldin des Augenblicks machen. Einen Moment lang im Zentrum der Aufmerksamkeit zu stehen hebt das Gefühl der Isolation auf, und dies wiederum gibt einem die Möglichkeit, sich mit Begeisterung an neue Aktivitäten zu wagen.

Bei meinen Besuchen in diesen Heimen stellte ich fest, dass es unter den Menschen mit Behinderung welche gibt, die sich heftig gebären oder die seltsame Geräusche von sich geben. Ich verstand zuerst nicht, was sie mit dieser Art von Verhalten zum Ausdruck bringen wollten. Fehlendes Verständnis und Distanz zwischen uns ist die Folge davon, dass wir nicht verstehen, was sie uns mitteilen wollen. Als ich ihre Ausbrüche während der Partien beobachtete, wurde mir klar, was sie wirklich bedeuten, nämlich dass dies ihre beste Art darstellt, Freude auszudrücken.

Wenn uns unerwartet etwas Wundervolles widerfährt, machen auch wir „seltsame" Geräusche und springen vor Freude. Man führe sich vor Augen, wie die Zuschauer einen lang erwarteten Punkt oder Treffer im Baseball- oder Fußballstadion bejubeln. Unter normalen Umständen verkneifen wir uns das, aus Sorge, was andere von uns denken mögen. Menschen mit geistiger Behinderung haben keine solchen Hemmungen. Wenn sie glücklich sind, drücken sie ihr Glück mit ihrem ganzen Körper aus.

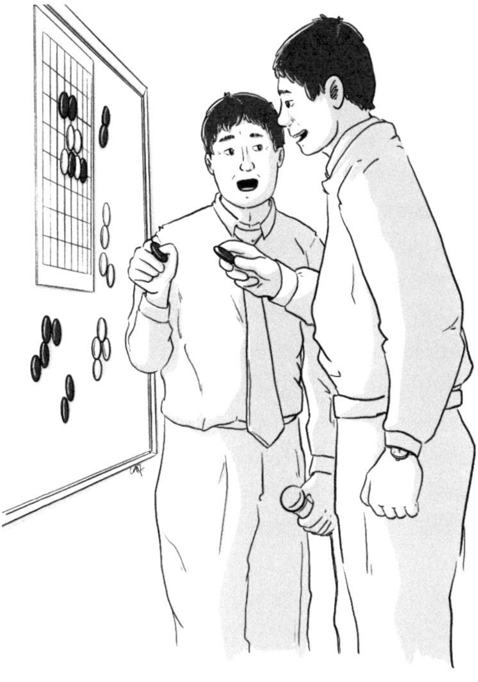

*Eine Partie am Demo-Brett*

Menschen mit Behinderung verbringen ihr Leben eingezwängt zwischen Ausdrücken wie „Einrichtung" und den Schranken, die wir um sie herum errichten, aber auch den „Schranken" unserer Vorurteile und Klischees. Ohne Go wäre ich wohl nie mit diesen Menschen in Kontakt gekommen. Meine Erfahrungen haben mir gezeigt, dass wir als Erstes die Schranken beseitigen müssen. Wenn wir unsere Vorurteile hinter uns lassen, dann sind wir in der Lage, die wertvolle Humanität zu entdecken, die diesen Menschen innewohnt.

Sowohl die behinderten Menschen als auch das Personal des Anjaen haben sich verändert. Sie sind fröhlicher geworden und nehmen mit Freude an verschiedenen Veranstaltungen teil, die in der örtlichen Gemeinde stattfinden. Anjaen war früher für die lokale Bevölkerung einfach nur irgendein Behindertenheim in Shonai, und sie ließ sich von ihren Vorurteilen und ihrer Voreingenommenheit abhalten, einen Blick darauf zu werfen, was innerhalb der Einrichtung vor sich geht. Nachdem jedoch nun die behinderten Menschen in der Lage sind, sich mit Selbstvertrauen außerhalb der Anlage zu bewegen, hat auch die örtliche Bevölkerung damit begonnen, ihre Voreingenommenheit abzulegen.

Frau Takeda Masami, eine Lehrerin im Anjaen, kommentierte: „Wir haben nicht nur an verschiedenen Veranstaltungen der örtlichen Gemeinde teilgenommen. Die örtliche Gemeinschaft ist auch zu uns gekommen, um uns zu besuchen. Ich bin sehr froh, dass die lokale Bevölkerung wahrgenommen hat, wer wir sind, und dass ich viele Leute kennengelernt habe, über die eingeschränkten Beziehungen innerhalb des Heims hinaus."

Anjaen ist nicht das einzige Heim dieser Art, das sich heute Begegnungen mit der lokalen Gemeinde erfreut. Begegnungen, bei denen sich alle auf gleicher Augenhöhe treffen können, als Menschen, sind von ganz anderer Art als die gewöhnlichen Besuche aufgrund von Anteilnahme oder Ehrenamt. Himawari-no-sato, das auf einer so kleinen Insel wie Nokonoshima liegt, stellte in den Köpfen der lokalen Bevölkerung eine sonderbare Existenz dar. Das Heim liegt oben auf einem Hügel, und die Anwohner glaubten, für die behinderten Menschen sei es gefährlich, die Ortschaft zu besuchen; manche dachten sogar, wenn sie sie draußen sahen, sie müssten entflohen sein. Unter den Ansässigen hat jedoch niemand mehr diese Vorurteile. Im Zuge ihrer Interaktion nahmen sie die Menschen mit Behinderung allmählich in einem anderen Licht wahr. Heute ist die Einstellung der Inselbewohner gegenüber den behinderten Menschen eine voller Wärme und Freundschaft.

Herr Yamasaki vom Anjaen bestätigt seinerseits: „Der Wandel in der Wahrnehmung der behinderten Menschen auf Seiten des Personals hatte einen großen Einfluss auf das Anjaen. Die Einführung des Go-Spiels im Heim war der Katalysator. Sowohl das Personal, mich eingeschlossen, als auch die behinderten Menschen im Heim empfinden, dass sich unser Leben vollkommen verändert hat. Das ergab sich völlig unerwartet. In Go steckt wirklich eine enorme Kraft."

Nachdem ich ein Heim mehrere Male besucht habe, erzähle ich oft, dass die behinderten Menschen sich verändert hätten. Die meisten interpretieren das so, dass sich ihr Gesundheitszustand verändert habe, dass sie irgendwie „normaler" geworden seien, aber so meine ich es nicht. Ich meine damit, dass ihre Augen dank Go ihren natürlichen Glanz wiedererlangt haben. Natürlich kommen auch körperliche Veränderungen vor, wie etwa dass Leute, die nicht gehen konnten, nun dazu fähig sind, und andere, die sehr in sich gekehrt waren, nun in der Lage sind, mit anderen zu interagieren. Die bedeutsamste Veränderung jedoch ist die, dass ihre Gesichter lebendig geworden sind, und sich darin ihr innerer Wandel widerspiegelt. Ich denke, das dürfte der hauptsächliche Grund dafür sein, dass Go in solchen Heimen Akzeptanz findet. Die behinderten Menschen, die ein so monotones Leben auf sehr beschränktem Raum führen, empfinden ihr Leben wieder als lebenswert.

Darum glaube ich, dass es wichtig für uns ist, dass wir als Menschen unsere gemeinsame Zeit auf gleicher Augenhöhe genießen. Das ist leichter gesagt als getan, da uns Vorurteil und Voreingenommenheit daran hindern. Unser sozialer Status als Lehrerin oder als Erzieher kann ein weiteres Hindernis darstellen. Ob Lehrkraft oder Kind, ob mit oder ohne Behinderung, wir sind als Menschen alle gleich. Auch wenn uns das in der Theorie klar sein mag, mag in unserer Haltung zum Ausdruck kommen, dass wir auf andere herabsehen. Wenn wir nur einen Aspekt im Blick haben, dann sind wir schnell dabei, bestimmte Kinder als „verhaltensauffällig" oder Menschen als „behindert" zu etikettieren, und dies verhindert, dass wir ihnen offenen Geistes und Herzens begegnen.

An Kindergärten und Vorschulen, an denen die Erzieherinnen keine überlegene oder dominierende Haltung dieser Art an den Tag legen, sind die Kinder auch ohne Go sehr aufgeweckt. Für Go mag kein Bedarf bestehen, wenn sich alle auf gleicher Ebene begegnen können und die Erzieherinnen und Kinder ihre gemeinsame Zeit genießen. Ich habe allerdings, bei all meiner Erfahrung, für Go keinen Ersatz gefunden. Ich kann Herrn Yamasaki in seiner Beschreibung einer „Kraft", die in Go stecke, nur zustimmen.

## Eine Klasse von Kindern mit besonderen Bedürfnissen

Yanagisawa Kiyoshi, ein ehemaliger Mittelschullehrer für Japanisch, beschäftigt sich heute mit der Verbreitung von Go in Hachinohe, Präfektur Aomori. Yanagisawas Begeisterung und sein Glaube an die positive Kraft von Go gingen so weit, dass sie ihn zum Entschluss geführt hatten, in den Vorruhestand zu gehen, um sich dieser Aufgabe zu widmen. Er erfuhr von meinem Programm, und im Herbst 1996 erhielt ich eine Einladung in seine Stadt. Dort hatte sich Go bereits von Kindergärten auf Grundschulen und eine Schule für Hörgeschädigte ausgebreitet, an der sich später ein unvergessliches Ereignis zutragen sollte. Mein Programm hatte sich inzwischen auf ganz Japan ausgedehnt, in Kindergärten, Vorschulen, Grundschulen und Heimen für Menschen mit geistiger Behinderung. Dazu zählten auch Klassen von Kindern mit besonderen Bedürfnissen sowie Schulen für Menschen mit Behinderung. Yanagisawa, den meine Erfahrungen mit Kindern mit besonderen Bedürfnissen beeindruckt hatten, nahm mich mit zu einer Grundschule in Hachinohe, und bat mich, mit den dortigen besonders bedürftigen Kindern Go zu spielen.

Im März 1998 besuchte ich die Klasse zum ersten Mal. Der Rektor sagte zu mir, man habe sich auf meinen Besuch gefreut, aber die Kinder brächten vielleicht nicht die Fähigkeiten mit, um Go zu lernen. Als ich den Raum betrat, sah ich dort acht Kinder: Vier Kinder saßen in der ersten Reihe, die übrigen vier saßen in der zweiten. Ich nehme an, sie waren von der Lehrkraft angewiesen worden, stillzusitzen. Während ich sprach, begannen sie sich etwas zu entspannen. Unter ihnen gab es einen Jungen, der sich immer wieder mit dem Oberkörper auf die Tischplatte legte. Vermutlich neigte er zu Hyperaktivität, und stillzusitzen musste für ihn eine Tortur sein. Als ich sie bat, sich vorzustellen, schaute der Junge plötzlich auf und sagte: „Ich heiße Akira, und ich bin in der fünften Klasse."

Bevor wir mit Atari-Go beginnen, schreibe ich häufig die Schriftzeichen für Go an die Tafel und erkläre sie den Kindern. Einer der Jungen holte sein Schreibheft hervor und schrieb die Zeichen ab. Bald war mit dem Wort „Go" eine Seite gefüllt. Ich klopfte ihm auf die Schulter und lobte sein Können, und er gab mir ein breites Lächeln zurück.

Wie gewohnt begann ich eine Partie Atari-Go mit zwei Teams. Ein kleines Kind war dabei, ein Erstklässler mit Down-Syndrom. Als der kleine Junge jedoch an der Reihe war, setzte er, nach langer Überlegung, einen Stein, der fünf gegnerische Steine fing. Es war für alle ein so aufregender Moment, dass sie ihm laut Beifall klatschten. Der kleine Junge hüpfte beglückt zurück zu seinem Stuhl. Da hielt Akira ihn an, tätschelte ihm den Kopf und sagte: „Gut gemacht!"

Später erhielt ich von den Kindern und von einigen Lehrkräften Briefe. Die Kinder erzählten mir von ihrer Freude darüber, mit ihren Lehrerinnen und Lehrern Go zu spielen und sie im Go schlagen zu können. Eine der Lehrerinnen schrieb, die Begegnung habe Eindruck auf sie gemacht, und sie bat mich, das Programm auf die anderen Kinder der Schule auszuweiten. Ein anderer Lehrer schrieb indessen, dass die besonders bedürftigen Kinder Go „auf ihrem eigenen Niveau" verstanden hätten. Die Worte „auf ihrem eigenen Niveau" gingen mir nicht aus dem Kopf. Mein Urteil als Go-Profi war, dass die Kinder das Go-Spiel viel besser begriffen hatten als ihre Lehrerinnen und Lehrer, aber so sah jener Lehrer die Kinder nicht. Solange ein Lehrer ein Kind als „behindert" wahrnimmt, wird er nicht in der Lage sein, es so zu sehen, wie es wirklich ist.

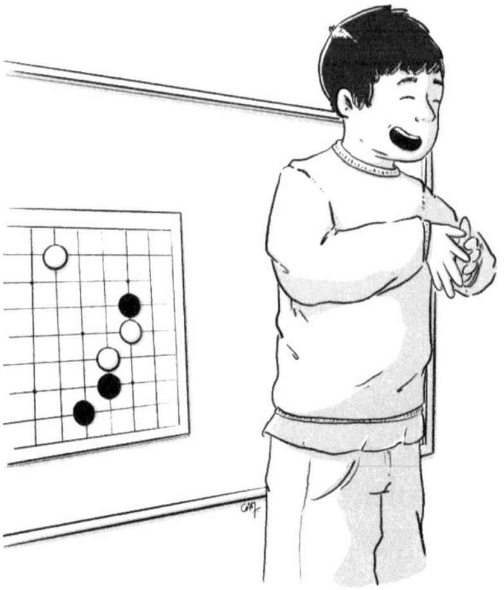

*Ein Spieler freut sich*

Im Juni des folgenden Jahres wurde ich eingeladen, mit den regulären Fünftklässlern an der Schule Go zu spielen. Nachdem wir darüber gesprochen hatten, was sie einmal werden wollten, begannen wir einen Wettkampf im Atari-Go. Drei Klassen wurden unterteilt in sechs Teams, drei Jungen-Teams und drei Mädchen-Teams. Diese sechs Teams sowie ein Team der Lehrkräfte spielten nun gegeneinander in einem Turnier. Wie immer waren die lauten Jubelrufe über die ganze Turnhalle hinweg zu hören.

Das Team der Lehrkräfte gewann an jenem Tag die Meisterschaft. Soweit ich weiß, war dies das erste Mal, dass ein Lehrkräfte-Team eine Meisterschaft gewann. In der Vergangenheit hatten immer Kinder gewonnen. Ich weiß, für jede Regel gibt es immer eine Ausnahme, aber ich war ein wenig erstaunt. Die Kinder jedoch hielten es für selbstverständlich, dass ihre Lehrerinnen und Lehrer gewinnen würden.

Tatsächlich begann mit diesem Sieg ein regelrechtes Drama seinen Lauf zu nehmen. Ein Team besonders bedürftiger Kinder verfolgte an jenem Tag die Partien. Als das Turnier begann, fragten mich diese Kinder, warum sie an den Partien nicht teilnehmen dürften. Ich sagte zu ihnen mit leiser Stimme, sie seien so gut, dass sie erst später spielen sollten. So warteten sie geduldig darauf, dass sie an die Reihe kämen. Natürlich wussten die Lehrkräfte nicht, dass sie später mit den besonders bedürftigen Kindern spielen sollten. Die Lehrkräfte waren vermutlich erleichtert, nachdem sie all ihre Partien gewonnen hatten. Da kündigte ich per Mikrofon an: „Jetzt machen wir ein richtiges Finale."

Das Team der besonders bedürftigen Kinder kam nach vorn. Die Fünftklässler feuerten sie an. Einer der Lehrer lief zu mir, um mir zu sagen, dass die besonders bedürftigen Kinder nicht in der Lage dazu seien, Go zu spielen. Er war für ihre Klasse verantwortlich, war aber zu Beginn des Schuljahres neu an diese Schule gekommen und wusste nicht, dass sie mit mir drei Monate zuvor Go gespielt hatten. Ich erwiderte ihm, er brauche sich keine Sorgen zu machen, denn sie seien Genies, und rief die Kinder auf die Bühne. Die Anfeuerungsrufe der Fünftklässler waren einfach nur umwerfend, da das Team der besonders bedürftigen Kinder nun tapfer eine Partie gegen das Team der Lehrkräfte auf sich nahm, welches selbst sie nicht schlagen konnten. Die Fünftklässler feuerten sie an, was ihre Lungen hergaben, und riefen dabei jedes Kind mit seinem Namen.

Das Finale begann. Sie machen sich vermutlich kein Bild davon, wie die Partie ablief. Einige der Kinder lagen auf dem Boden, andere tanzten, und manche sangen. Die Lehrerinnen und Lehrer machten einen sehr ernsten Eindruck, während sie über ihre Züge nachdachten. Ein paar Minuten später gelang einem der besonders bedürftigen Kinder ein Fang von über zehn Steinen! Den Fünftklässlern war nicht unmittelbar klar, was geschehen war, und einen Moment lang herrschte völlige Stille. Im nächsten Augenblick war die Turnhalle von donnerndem Applaus erfüllt. Einige stießen ihre Fäuste in die Luft, andere riefen „Hurra!" – die Fünftklässler waren so begeistert, als hätten sie selbst die Partie gewonnen. Auch die besonders bedürftigen Kinder sprangen vor Freude, die Lehrerinnen und Lehrer aber waren einfach sprachlos.

Sechs Monate später machte ich einen dritten Besuch an der Schule. Die Kinder wirkten aufgeweckter denn je. Sie freuten sich darauf, mit mir Atari-Go zu spielen. An jenem Tag begleiteten mich Besucher aus den Vereinigten Staaten und aus Deutschland. Jede Klasse begrüßte sie mit Liedern und Tänzen. Ich bemerkte, dass ein Mädchen dabei war, das ich noch nicht kannte. Sie war in der ersten Klasse und leicht autistisch. Während ihrer Partie setzte das Mädchen ihre Steine mit einem glücklichen Lächeln. Der Rektor, den Blick auf sie gerichtet, sagte zu mir, er habe sie noch nie lächeln sehen. Als sie Go spielte, kamen ihre Emotionen spontan zum Vorschein. Anstatt sich zu viele Sorgen zu machen, ist es wichtig, dass man eine angenehme und entspannte Atmosphäre schafft. Dann wird sich bei allen spontanes Lächeln einstellen. Die Menschen sind so geschaffen, dass sie lächeln, wenn sie glücklich sind.

## Austausche an einer Altentagesstätte

In Yuzamachi in der Präfektur Yamagata wurde eine Kampagne gestartet, durch die Stärkung zwischenmenschlicher Beziehungen den Gemeinschaftssinn zu fördern. Schon sehr bald wurde darin das Go-Programm aufgenommen. Ein Herr Sato Hideaki von der Japanischen Landwirtschafts-Gesellschaft, der Agrarwissenschaft unterrichtete, organisierte meinen Aufenthalt in der Stadt. Im Oktober 1996 besuchte ich die Fujisaki-Vorschule, in die eines von Herrn Satos Kindern ging. Sato hatte am Telefon mit Frau Komatsu Keiko über mein Programm gesprochen. Später erzählte uns Frau Komatsu von dieser Unterhaltung, und wir mussten sehr lachen.

Am einen Ende der Leitung sagte Sato: „Wollen Sie nicht Go an ihrer Schule ausprobieren?" Wegen des örtlichen Dialekts kam das jedoch bei Frau Komatsu an als „Reise nach Jerusalem ausprobieren". Bis zum Tag, an dem wir kamen, hatte sie keine Ahnung, dass wir eigentlich Go spielen würden.

Yuzamachi ist Partnerstadt von Szolnok in Ungarn, und an jenem Tag waren an der Vorschule viele Leute, die von dort kamen, etwa einhundert Personen insgesamt, einschließlich der Kinder. Die Lehrerinnen und Lehrer dachten, ich sei Dolmetscher. Sie wirkten nicht glücklich darüber, dass ich kein Wort übersetzte!

Wir begannen zu spielen, und es zeigte sich, dass nicht nur die Kinder, sondern auch die Erwachsenen aus Ungarn Spaß daran hatten, Atari-Go zu spielen. Die Lehrerinnen und Lehrer aber schienen auf Go ganz versessen zu sein. Sato, der das Geschehen verfolgte, zeigte sich beeindruckt und war sich sicher, dass man Go als Werkzeug einsetzen könne, um die Beziehungen zwischen Menschen zu verbessern. Mit eigenen Augen zu sehen, wie Kinder, die sich nie lange auf etwas konzentrieren können, eineinhalb Stunden stillsitzen und Go spielen, war für ihn überwältigend. Außerdem beeindruckte ihn, wie alle mit allen spielten und dabei

Sprachbarrieren und Generationsunterschiede überbrückten. Seither wird dank der Bemühungen von Herrn Sato nicht nur in Yuzamachi, sondern auch in benachbarten Städten und Gemeinden Atari-Go gespielt.

Ich hatte bis dahin Schulen und Fürsorgeheime besucht, aber noch nie ein Altenzentrum. Nun bat mich Herr Sato, eine Altentagesstätte zu besuchen, weil er fand, dass eine Förderung zwischenmenschlicher Beziehungen nicht nur bei Kindern, sondern auch bei Älteren wichtig sei. So kam es, dass ich im Frühjahr 1997 ein solches Zentrum besuchte. Es gibt in solchen Altenzentren neben Annehmlichkeiten wie heiße Bäder auch viele einfache Spiele, um den Geist rege zu halten. Die Älteren in der Gegend besuchen das Zentrum, um sich dort zu entspannen und zu vergnügen.

Man hört häufig, dass Go dabei helfen kann, den altersbedingten Abbau kognitiver Fähigkeiten zu hemmen, aber ich hatte keinerlei Erfahrung damit, Älteren Go beizubringen, und ich war mir unsicher, ob ich die gleichen Reaktionen wie bei Kindern ernten würde. In der Tat hatte ich keine Ahnung, was ich zu ihnen sagen sollte, aber ich beschloss, es auszuprobieren. Es waren sowohl ältere Herren als auch Damen anwesend, sieben insgesamt. Ich ging davon aus, dass niemand von ihnen schon einmal Go gespielt hatte, aber ich bat sie darum, trotzdem mit mir zu spielen.

Ich nahm den Arm einer alten Dame, die anfangs abgelehnt hatte, zu spielen, und half ihr, einen Stein aufs Brett zu setzen. Auf mein Geheiß setzte sie ihn an einen Punkt, wo sich die Linien kreuzten, wofür ihr die anderen applaudierten. Sie freuten sich alle sehr darüber, Applaus zu erhalten, oder vielleicht verlieh ihnen auch das bloße Setzen von Steinen das Gefühl, dass sie wirklich Go spielten. Ich bemerkte, wie sich ihre Mienen aufhellten, so als wären sie wieder zu Kindern geworden. Es dauerte nicht lange, und sie lernten das Prinzip „Umschließen, um zu fangen" kennen.

Unter ihnen war ein alter Mann, dessen Abbau weiter vorangeschritten war als bei den anderen. Sein Mund stand offen, und er zeigte keine Regung. Ich bat ihn zu spielen und stützte ihn bei seinem Gang nach vorne zum Brett. Er stand jedoch einfach nur da, ohne etwas zu tun. Ich ließ ihn einen Stein greifen und half ihm, ihn zu setzen, indem ich seinen Arm stützte. Die anderen klatschten daraufhin ordentlich Beifall. Vermutlich war der Applaus für ihn eine gute Stimulation. Langsam schloss sich sein Mund, und er blickte, seine Haltung verbessernd, nachdenklich aufs Brett. Etwa beim dritten Durchgang lief der Mann agilen Schritts nach vorn, ohne sich an die Reihenfolge zu halten. „Sie sind ja ein seniler alter Mann", rief ich ohne Zögern aus: „Sie haben nämlich Ihren Gehstock vergessen!" Alles brach in Gelächter aus. Viele der Älteren, die in das Zentrum kommen, verwenden Gehstöcke, und manche werden von Mitarbeitenden gestützt, wenn sie vorn am Go-Brett stehen. Eben jene Älteren begannen nun, allein und ohne Hilfe zu gehen.

Die Älteren besuchen das Zentrum im Wechsel; je nach dem wo sie wohnen, gibt es feste Tage in der Woche, an denen sie kommen. Beim ersten Mal besuchte ich das Zentrum an einem Dienstag, und es ergab sich, dass spätere Besuche auch auf Dienstage fielen. Inzwischen waren mir die Gesichter der Spielenden alle bekannt, aber jedes Mal, wenn ich das Zentrum besuchte, wiederholte ich dieselbe Frage: „Gibt es hier jemanden, der oder die noch nie Go gespielt hat?" Ohne Ausnahme reckten alle die Hände.

Im Folgenden allerdings konnte ich erkennen, dass sie alle gelernt hatten, wie man spielt. Bei jedem erneuten Besuch stellte ich fest, dass sie besser geworden waren. Die Mitarbeitenden im Zentrum waren in ihren Dreißigern und Vierzigern, aber wenn diese jungen Menschen mit den Älteren Atari-Go spielten, konnten sie sie nicht zuverlässig schlagen. Sowohl die Älteren als auch die Jüngeren dachten über ihre Züge ernsthaft nach. Das erzeugte eine wirklich angenehme Atmosphäre. Da kam mir der Gedanke, dass die Älteren mit den Kindern an einer Vorschule Atari-Go spielen sollten, wenn Go ein Werkzeug ist, um Menschen zusammenzubringen.

Als wir den Austausch zwischen den Kindern und den Älteren starteten, stellte ich schnell fest, dass die Kinder den Umgang mit Älteren nicht gewohnt waren. Einer der Gründe dafür ist, dass nur wenige Kinder in Haushalten leben, in denen drei Generationen zusammenleben. Die Kinder waren nicht entspannt. Sie scheuten die Alten nicht, aber sie waren auch nicht begierig darauf, mit ihnen näher in Kontakt zu treten. Im Lauf der Zeit änderte sich ihre Haltung allmählich und sie nahmen die Älteren bei der

Hand, begleiteten sie ans Go-Brett und gaben ihnen einen Stein. Das hatte ich ihnen nicht beigebracht; dieser Akt kam spontan. Ich schätze, die Älteren fanden die Kinder bezaubernd, und der Austausch zwischen ihnen wurde ein sehr herzlicher.

In letzter Zeit hat man einige Einrichtungen konzipiert, in denen Altenhilfe und Vorschule kombiniert werden. Sie sollen die Möglichkeit der Interaktion zwischen diesen beiden Gruppen schaffen, aber dies erweist sich oft als sehr schwierig. Auf dem Papier liest sich so ein Austausch gut, aber was sich in der Praxis daraus machen lässt, wie etwa dass die Kinder den Älteren Lieder vorsingen, ist ziemlich beschränkt. Da es ihnen an unterschiedlichen Möglichkeiten zur Interaktion fehlte, waren an diesen Einrichtungen, als ich sie in Fukuoka aufsuchte, Austausche mit Go willkommen. Beim Spielen von Atari-Go können Kinder von den Älteren lernen, wohlwollend zu sein, und die Älteren gewinnen durch die Kinder wieder an Unbeschwertheit.

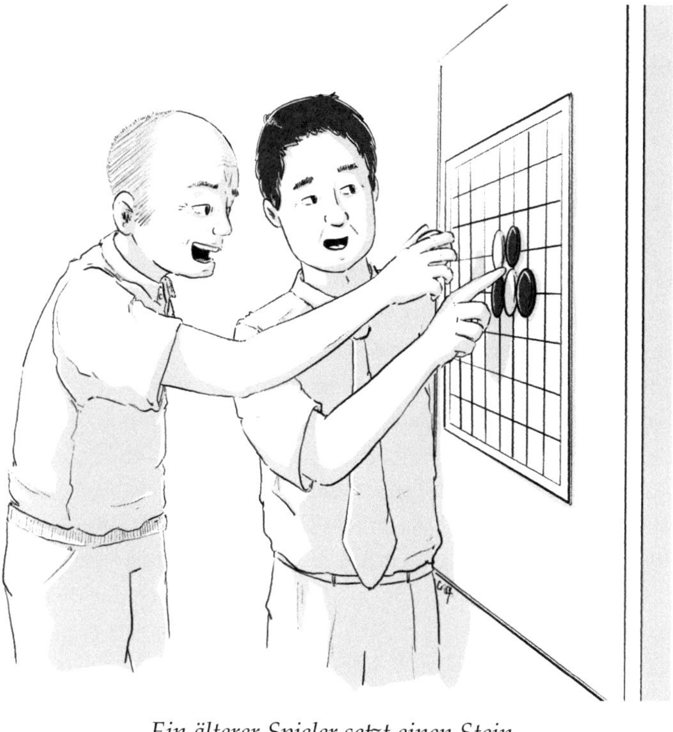

*Ein älterer Spieler setzt einen Stein*

Die Austausche haben sich langsam in Tagesstätten für Ältere in Yuzamachi, Präfektur Yamagata, sowie in der Präfektur Fukuoka verbreitet, und nach und nach haben sich zwischen ihnen sogar Brief-Go-Partien etabliert. Atari-Go per Post wird gespielt, indem man den nächsten Zug auf einem Brett aus Papier markiert, das man dem Gegner zuschickt – zusammen mit Briefen, Zeichnungen und Fotos.

Nach meinem ersten Besuch im Oktober 1996 fuhr ich alle zwei Monate nach Yuzamachi. Atari-Go wird dort heute in allen Vorschulen, Kindergärten, Grund- und Mittelschulen gespielt sowie in den Heimen für Ältere und für Menschen mit geistiger Behinderung. Zu erleben, dass Leute, die von Go nichts gewusst hatten, sich von den Austauschen so beeindrucken ließen, dass sie sie in andere Landesteile ausweiteten, ist wundervoll. All diese Gruppen haben damit begonnen, miteinander zu korrespondieren und einander zu treffen, und zu ihnen zählt auch eine regionale Schule für Hörgeschädigte in der Stadt Sakata.

Der Auslöser für meinen Besuch an der Schule für Hörgeschädigte war ein Gespräch mit einem Vorschulkind. Das Mädchen spielte wirklich gut, und so fragte ich sie, ob sie zuhause Atari-Go spiele. Sie antwortete, dass sie ihrem Bruder Go beibringe, der auf die Schule für Hörgeschädigte geht. Ich sagte ihr, sie solle damit weitermachen, und dass es toll sei, dass sie das macht. Nach dem Gespräch bat ich Herrn Sato darum, die Schule besuchen zu dürfen. Sato war einverstanden, da einer seiner Freunde an der Schule in der Verwaltung arbeitet und er der Meinung war, dass sie mein Angebot sicher annehmen würden.

Bei meinem Besuch an der Schule sprach ich mit der Rektorin und der stellvertretenden Rektorin über den Grund, weshalb ich mit meinem Programm begonnen hatte, und über meine Erfahrungen. Die stellvertretende Rektorin hörte mir zu mit Tränen in den Augen. Sie baten mich, ihren Kindern Atari-Go beizubringen.

Als Erstes ging ich in eine Klasse der Mittelschule. Auf meinem Weg zum Zimmer trafen wir auf einen Grundschüler, der allein im Korridor stand. Die stellvertretende Rektorin fragte ihn, warum er da stehe, erhielt jedoch nur eine unklare Antwort. Ich sagte zu ihm, er solle mitkommen, ich hätte etwas vor, was richtig Spaß mache.

Es waren insgesamt sieben Schülerinnen und Schüler in der Klasse. Als ich den Raum betrat wurde ich von einer heiteren Stimmung empfangen. Wie in gewöhnlichen Schulen auch spielten sie bald mit Begeisterung Atari-Go. Als das Team der Kinder gegen das Team der Lehrkräfte spielte, waren sie alle voller Aufregung und feuerten die jeweils Spielenden an. Es entstand eine wunderbare Atmosphäre, die irgendwie anders war als an anderen Schulen. Die Kinder und die Lehrkräfte bildeten eine Einheit, das war für mich faszinierend. Dann kamen die Grundschulkinder ins Zimmer. Ich sagte zu den Mittelschulkindern, dass sie den Jüngeren Go beibringen sollten, nachdem sie es nun gut verstanden hätten.

Die Mittelschulkinder fingen sogleich damit an, ihnen Atari-Go beizubringen. Sie stellen sich vermutlich vor, dass die Kinder Zeichensprache verwenden, aber die Schule rät vom Gebrauch der Zeichensprache so weit wie möglich ab, weil er verhindere, dass die Kinder Lippenlesen lernen. Binnen kurzem hatten die Grundschulkinder gelernt, Go zu spielen, und wir hielten einen Wettkampf ab, der sehr interessant war.

Als wir ins Büro der Rektorin zurückkehrten, erzählte sie von ihrer Schule, die aus drei Abteilungen besteht: Vorschule, Grundschule und Mittelschule. Der Lehrkörper legt Betonung darauf, den Geist der Kinder zu bereichern. Oberste Priorität wird darauf gesetzt, die Kinder in Kontakt mit verschiedensten Leuten zu bringen und sie durch die Bereicherung ihres Geistes zum eigenständigen Lernen zu motivieren; auf Zeichensprache oder Aussprachetraining liegt kein besonderer Fokus. Als ich das hörte, wurde mir klar, weshalb sowohl die Kinder als auch die Lehrkräfte an der Schule so nett, freundlich und munter waren. Ich würde Go gern in allen Schulen für Hörgeschädigte in Japan verbreiten, und dann sollten Austausche stattfinden zwischen den hörgeschädigten Kindern und anderen Schulkindern. Aus solchen Kollaborationen ergibt sich bestimmt etwas ganz Wunderbares.

## Stimmen aus der Praxis

### *Ein Erfahrungsbericht von Hinata Daigo, Lehrer an der Sakataer Schule für Hörgeschädigte*

Herr Yasuda kam im März 1997 an unsere Schule. Ich wusste nicht recht, was ich zu erwarten hatte, da ich über Go nichts wusste. Die Regel „Umschließen, um zu fangen" war aber recht einfach, und unsere Kinder waren im Nu begeistert dabei, Go zu spielen.

In meiner Klasse gab es einen Jungen, der in seinem Gesicht keinerlei Emotionen erkennen ließ. Wir begannen damit, zum Einstieg in den Tag jeden Morgen fünf Minuten Go zu spielen. Mit der Zeit konnte man an seinem Gesicht ablesen, ob er gewann oder verlor. Bis dahin hatte er nie etwas aus eigenem Antrieb getan; heute tut er das, und er weiß seine Gefühle auszudrücken.

Wenn die Lehrerinnen und Lehrer mit den Kindern Go spielen, dann gibt es dabei kein „Lehrer-Schüler"-Verhältnis, sondern wir alle spielen miteinander ernsthaft und auf gleicher Ebene. Es zählt zu den Vorzügen von Go, dass man sich auf eine natürliche Art seines Gegners bewusst ist und dass man ohne Worte miteinander kommuniziert.

Wir stellen überall dort, wo unsere Kinder sich gewöhnlich aufhalten, Go-Sets bereit, wie etwa in Gängen oder am Eingang der Turnhalle, damit die Kinder in den Pausen oder nach der Schule jederzeit Go spielen können. Wir haben auch Treffen zum Austausch mit Kindern an anderen Schulen sowie einige mit der lokalen Bevölkerung organisiert. Die Kinder an unserer Schule erklärten die Regeln und stellten sich für Partien zur Verfügung. Diese Austausche haben mich davon überzeugt, dass die hörgeschädigten Kinder gelernt haben, mit Normalhörenden auf Augenhöhe zu interagieren. Go wird ihnen zweifellos als Werkzeug dienen, um gute Beziehungen zu anderen aufzubauen und um Selbstbewusstsein zu erwerben, wenn sie sich in der Zukunft in der Gesellschaft bewegen.

Beim Spielen treffen die Kinder schnelle Entscheidungen über den nächsten Zug. Sie stellen sich die Frage, welcher Zug der beste ist, und sie entscheiden selbst. Für die, die sonst nur nachahmen, was die Anderen tun, und die nicht in der Lage sind, Initiative zu übernehmen, ist dies eine gute Erfahrung. Ich glaube, dass die Kinder dadurch auch an Selbstvertrauen gewinnen, was andere Bereiche ihres Lebens angeht, um selbst zu urteilen und von sich aus zu handeln.

Unsere Arbeit folgt aktuell dem Prinzip, die Kinder dahingehend zu erziehen, dass sie ihr Leben meistern und ihre Hörbehinderung überwinden. Wir Lehrerinnen und Lehrer sind allesamt zur Auffassung gelangt, dass Go eine Trumpfkarte darstellt, wenn es darum geht, dass die hörgeschädigten Kinder in ihrer Zukunft ein erfülltes und zufriedenes Leben führen können.

# Teil 2: Wie man ein Go-Programm aufbaut

Während meiner Besuche an Schulen und Einrichtungen im ganzen Land haben mir viele Leute ihr Interesse an der Einführung eines Go-Programms bekundet. Ich erhalte oft Einladungen, als Dozent zu erscheinen, aber es ist mir nicht möglich, allen nachzukommen. Hat man die Regel „Umschließen, um zu fangen" aber verstanden, dann kann man selbst eine solche Einführung in das Spiel geben.

Auf der Grundlage meiner Erfahrungen habe ich einige Punkte dazu zusammengestellt, wie man unterschiedliche Gruppen von Personen handhabt und wie man das Spiel in Teams oder in Einzelpartien spielt. Ich hoffe, es hilft Ihnen dabei, eine effektive Methode zu entwickeln, um Go-Neulinge zu instruieren.

Es gibt zwar anspruchsvollere Versionen von Go mit komplexeren Regeln, aber wir verwenden hier nur die einfache Regel „Umschließen, um zu fangen", da wir das Spiel in erster Linie als Mittel dazu verstehen, Interaktion und Kommunikation untereinander zu verbessern. Ein paar kompliziertere Anwendungsfälle der Regel werden im Anhang des Buches besprochen. Wenn Ihnen eine Spielsituation verwirrend erscheint, dann werfen Sie einen Blick auf diese Erklärungen, aber machen Sie sich darum keinen Kopf. Das Wichtigste ist, dass Sie anstatt Go zu unterrichten, versuchen sollten, durch das Go-Spiel eine Möglichkeit zu schaffen, miteinander zu interagieren. Go eignet sich als Mittel zur Interaktion besonders gut bei Kindern, die isoliert sind, keine Freunde haben, introvertiert sind oder auf Kommentare von Erwachsenen so sensibel reagieren, dass sie sich nicht aus ihrem Schneckenhaus heraustrauen.

Wenn man mit Go gerade anfängt, braucht man sich um die komplizierteren Regeln nicht zu kümmern. Im Gegenteil, wenn man an Schulen oder Einrichtungen für Menschen mit Behinderung gleich zu Beginn in komplexere Varianten des Spiels einführt, riskiert man, mit seinem Programm zu scheitern. Pädagoginnen und Pädagogen, die Go-Programme durchgeführt haben, sind sich darin alle einig. Ob man von Go Ahnung hat oder nicht hat keinen Einfluss auf den Erfolg des Programms. Entscheidend ist, dass man eine heitere, spielerische Atmosphäre erzeugt. Wenn es Ihnen gelingt, dass die Kinder das Gefühl haben, dass Go Spaß macht, dann bedeutet das praktisch schon den Erfolg des Programms. Im Handumdrehen lassen Kinder, die kaum je ein Gefühl nach außen dringen lassen, ihre Maske fallen. Go ist ein Instrument, das von jeder und jedem genutzt werden kann, um dies zu bewerkstelligen.

Wenn ich ein Programm durchführe, dann achte ich darauf, wie jung oder alt die Neulinge sind oder wie schwer ihre geistigen Beeinträchtigungen sind, und passe mein Vorgehen entsprechend an; aber die Grundlagen bleiben in jeder Situation die gleichen wie die, die ich bei kleinen Kindern anwende. Die Sprachfähigkeiten kleiner Kinder sind begrenzt, schwierigen Erklärungen können sie daher nicht folgen. Deshalb ist es ganz wichtig, für eine lockere Stimmung zu sorgen. Wenn Sie es schaffen, dass kleine Kinder das Spiel mögen, dann gelingt Ihnen das bestimmt auch bei Grundschulkindern und Menschen mit geistiger Behinderung. Nun also dazu, wie ich bei einem Programm für kleine Kinder vorgehe.

## Unterricht im Kindergarten

Wenn man kleine Kinder unterrichtet, ist der Schlüssel zum Erfolg, dass man in der ersten Minute für gute Stimmung sorgt. Je nach dem, ob die Kinder auf mein erstes Auftreten freundlich oder misstrauisch reagieren, passe ich mein Vorgehen an. Wenn etwa kleine Kinder von Beginn an locker sind, dann kann man davon ausgehen, dass alles glatt läuft. In den meisten Fällen aber sind kleine Kinder am Anfang sehr zurückhaltend. Das ist ganz natürlich, denn sie werden gleich das erste Mal in ihrem Leben Go spielen, und dazu noch mit jemand völlig Fremdem. Es ist sehr schwierig, für eine lockere Atmosphäre zu sorgen, wenn man nur über Go redet. Um das Interesse der Kinder zu wecken beginne ich deshalb mit einem Aufwärmer.

Es kommt auch vor, dass ich Kinder unterrichte, die erst drei Jahre alt sind, aber hier möchte ich erzählen, wie ich mit Fünfjährigen vorgehe. Wenn ich in Vorschulen oder Kindergärten ein Programm starte, dann bitte ich um einen Zeitfenster von sechzig Minuten. Eine geeignete Anzahl von Kindern liegt zwischen zwanzig und dreißig. Man benötigt ein Demo-Go-Brett, so wie das magnetische, das auf einigen Bildern im Buch zu sehen ist. Nachdem ich mich vorgestellt habe, beginne ich mit dem Satz: „Heute möchte ich mit euch ein Spiel spielen." „Spielen" ist eines der Wörter, die Kinder am liebsten hören. Dann komme ich allerdings nicht gleich auf Go, sondern stelle stattdessen ein paar Fragen.

„Kennt ihr schon einige Schriftzeichen?" frage ich. Die meisten Kinder sagen ja. Dann schreibe ich das Zeichen für „Pferd" oder „Fisch" ans Brett und frage sie, was das ist. Üblicherweise kommen von den Kindern verschiedene Antworten, aber wenn keines sich meldet, dann rufe ich eines auf. Wenn niemand eine korrekte Antwort gibt, dann gebe ich einen Hinweis, wie „Das ist ein Tier". Irgendwann gibt dann eines die richtige Antwort. Ich bitte das Kind, das die richtige Antwort gegeben hat, nach vorn zu kommen, und frage es nach seinem Namen. Dann lobe ich das Kind und sage: „Wow, du bist gut. Gebt (Name) einen Applaus, alle zusammen." Das Kind ist natürlich sehr glücklich darüber, dass es Applaus erhält. Dann stelle ich noch ein paar Fragen, etwa was das Pferd tut (rennen) und wohin (nach links). Jedes Mal, wenn ich die richtige Antwort erhalte, bitte ich um Applaus. Meiner Meinung nach ist Applaus ein wichtiger Faktor, wenn es darum geht, eine gute Atmosphäre zu erzeugen. Wenn alle klatschen, entsteht ein Gefühl der Verbundenheit. Mit dieser Art von Quiz gelingt es mir immer, für eine gute Stimmung zu sorgen.

Beim Schaffen einer guten Atmosphäre ist es sehr wichtig, dass man auch selbst Spaß hat. Kinder sind so sensibel, dass wenn sie bei Ihnen irgendwelche Anzeichen von Unlust wahrnehmen, sie sich für die Aktivität nicht begeistern werden. Darum schlage ich vor, dass Sie sich für sich selbst einen eigenen Weg ausdenken, wie Sie gute Stimmung hervorrufen; einfach gesagt, womit Sie die Kinder zum Lachen bringen. Dabei sollten Sie auf Ihr Gefühl vertrauen. Wenn Sie selbst Spaß haben, dann werden Sie feststellen, dass auch die Kinder Interesse zeigen. Wenn natürlich die Kinder schon von Beginn an einen fröhlichen Eindruck machen, können Sie sofort mit den Partien beginnen, ohne die einleitenden Aktivitäten. Ich verwende gewöhnlich dreißig oder vierzig Minuten darauf, mit den Kindern zu reden, und wenn ich dann vergnügte Gesichter sehe, fange ich an, über Go zu sprechen. Sie denken vielleicht, dass da nicht viel Zeit für Partien bleibt, aber da müssen Sie sich keine Sorgen machen. Um eine komplette Teampartie auszukosten braucht man nicht mehr als fünfzehn Minuten.

Die Regeln sollten in aller Kürze erklärt werden: Wir spielen mit schwarzen und weißen Spielfiguren, die wir Steine nennen, man setzt Steine dort, wo sich Linien kreuzen, und man umschließt einen Stein, um ihn zu fangen. Häufig verstehen Kinder nicht, was damit gemeint ist, dass man „einen Stein umschließt, um ihn zu fangen". Da es schwierig ist, es ihnen nur mit Worten verständlich zu machen, frage ich in die Runde, ob es jemanden gibt, der uns zeigen kann, wie das geht. Ich wähle eines der Kinder aus, das die Hand hebt und sage: „Du kannst so viele Steine verwenden, wie du willst", und dann lasse ich das Kind so lange machen, bis es denkt, so sei es richtig. Häufig sieht man dann eine Situation wie in Diagramm 1. Das ist korrekt.

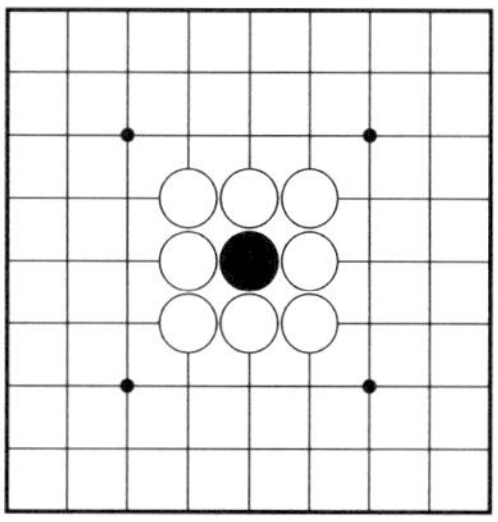

*Diagramm 1*

Oder man sieht das Muster in Diagramm 2, auch das ist gültig als eine Art des Umschließens. Wer mit Go vertraut ist, wird das in Diagramm 3 gezeigte Muster präsentieren, und sich mit den Diagrammen 1 und 2 womöglich unwohl fühlen. Sie sollten jedoch nicht erwarten, dass die Kinder die Steine unmittelbar wie in Diagramm 3 setzen.

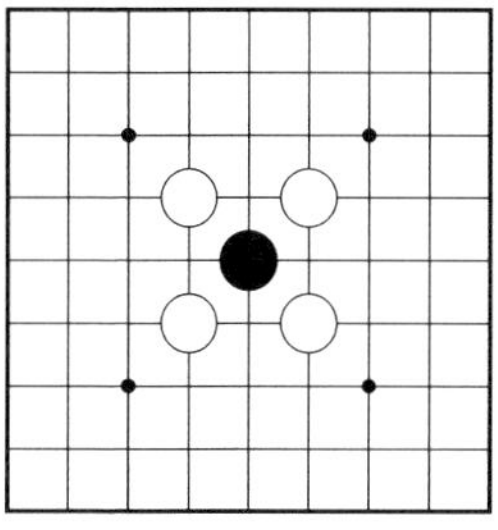

*Diagramm 2*

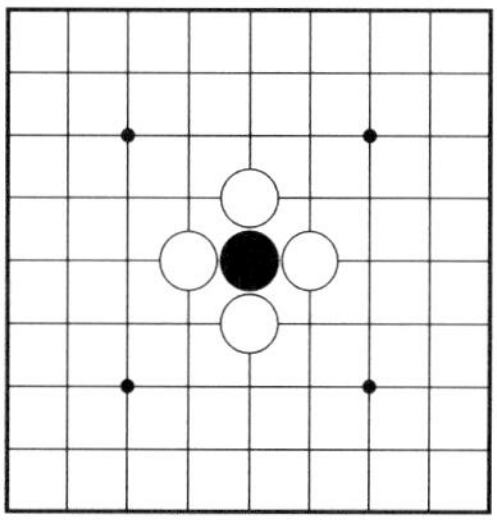

*Diagramm 3*

Wenn ein Kind einen Stein umschlossen hat, bitten Sie um Applaus. Ich wiederhole das Experiment einige Male, und dann sage ich, dass man einen Stein mit nur vier Steinen umschließen kann, und frage, ob uns jemand zeigen kann, wie das geht. Wenn dann ein Kind die Steine wie in Diagramm 3 gesetzt hat, erkläre ich, dass das der beste Weg ist, einen Stein zu umschließen, um ihn zu fangen. Ich bitte das Kind, das die Steine korrekt gesetzt hat, den schwarzen Stein herauszunehmen. Dann bitte ich die anderen Kinder um Applaus. Daraufhin setze ich den schwarzen Stein zurück aufs Brett und erkläre, dass die Linien auf dem Brett so etwas wie Straßen sind und die vier Straßen, die vom schwarzen Stein ausgehen nun Sackgassen sind, weil die weißen Steine sie blockieren. Jetzt kann der schwarze Stein nirgendwohin entkommen, und darum ist er gefangen. Zu diesem Zeitpunkt haben die meisten Kinder verstanden, was mit „umschließen, um zu fangen" gemeint ist. Es wird natürlich ein paar Kinder geben, die es noch nicht verstanden haben. Nichtsdestotrotz sollten Sie jetzt mit einer Partie beginnen.

## Spielen in Teams

Um eine Partie zu spielen nutze ich ein großes Demo-Go-Brett. Die Kinder werden aufgeteilt in Teams; eine gute Anzahl pro Team liegt bei um die zehn. Die Mitglieder jedes Teams wechseln sich beim Setzen der Steine ab. Als Erstes bitte ich die Lehrkräfte darum, die Kinder in Teams aufzuteilen. Dann bitte ich die Kinder, sich der Reihe nach aufzustellen. Die beiden Kinder am vorderen Ende der Reihe spielen eine Runde Schere, Stein, Papier, um festzulegen, welches Team zuerst spielt. Nun begrüßen die Teams einander mit *Onegaishimasu* (siehe Seite 20) und die Partie beginnt, wobei die Regel gilt, dass das Team, welches als Erstes etwas fängt, gewinnt. Ich rufe das erste Kind nach vorn und gebe ihm einen Stein. Ich mache es mir dabei zur Norm, jedem Kind einzeln einen Stein auszuhändigen, wenn es an der Reihe ist. Das Team, das zuerst spielt, erhält die schwarzen Steine, und das erste Kind setzt seinen Stein dahin, wo es ihm gefällt, und geht dann zurück ans hintere Ende der Reihe. Die Kinder feuern einander an, vor allem dann, wenn Steine nahe daran sind, andere Steine zu umschließen und zu fangen. Wenn ein Team einen Stein oder eine Kette von Steinen umschließt und fängt, ist die Partie vorbei. Wir geben dem Kind, das gefangen hat, einen Applaus. Am Ende der Partie wenden sich die beiden Teams einander zu und danken einander für die Partie. Wenn noch etwas Zeit übrig ist, bitte ich die Kinder, Einzelpartien zu spielen, eins gegen eins, auf kleinen Brettern.

Das ist natürlich kein schwieriges Prozedere, und die meisten Kinder haben Spaß an den Partien. Manche jedoch sprechen nicht darauf an, vielleicht weil sie Erwachsenen gegenüber hypersensibel sind, also den Lehrkräften und mir. Diese Kinder dazu zu bringen, dass sie mit Freude spielen, ist eines unserer Hauptziele, und darum werde ich im nächsten Abschnitt einige Punkte zur Sprache bringen, wie man mit diesen Kindern umgeht.

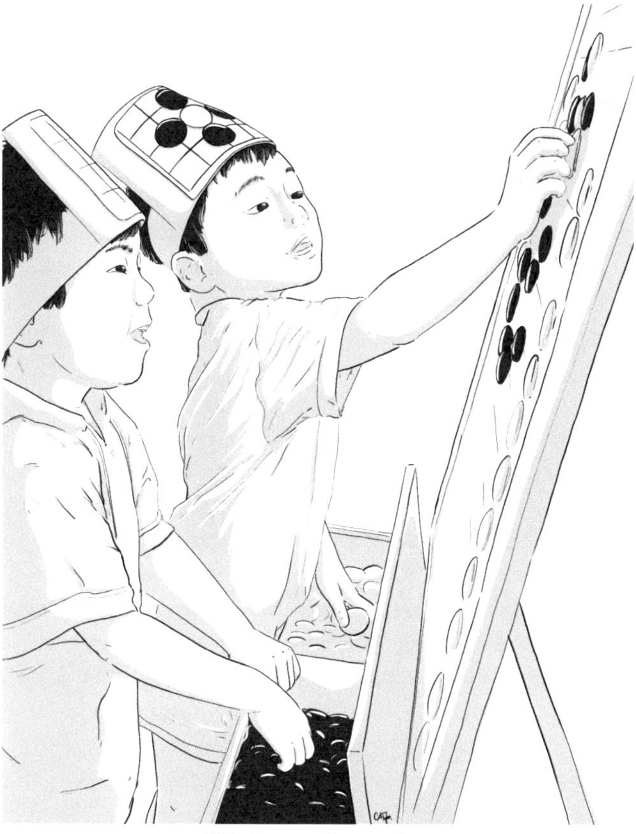

*Kinder am Demo-Brett*

Auf die meisten Kinder übt Go eine Faszination aus, und ich frage mich bis heute, warum das so ist. Während ich Kinder beim Spielen beobachtet habe, ist mir aufgefallen, dass es da einen Moment gibt, an dem die Augen von Kindern plötzlich aufleuchten. Das ist im Allgemeinen dann der Fall, wenn es ihnen selbst gelungen ist, Steine zu fangen. Das bedeutet: Wenn sie von sich aus den Zug finden, der fängt, dann hat dies zur Folge, dass ihr Selbstvertrauen gestärkt wird. Es ist tatsächlich so, dass wenn ihnen ein Erwachsener sagt, wo sie spielen sollen, sie ihrer Entdeckungslust beraubt werden, und darum sage ich einem Kind nie, wo es spielen soll, um zu fangen.

Natürlich gibt es manche Kinder, die keinen rechten Zug finden können und nicht wissen, was sie tun sollen. In solchen Fällen gebe ich einen Hinweis, wie etwa: „Siehst du in der Gegend hier Steine, die du fangen kannst?" oder „Du bist nah dran." Aber ich sage nie, wo sie den Stein setzen sollen, und wenn sie die richtige Stelle nicht finden, dann belasse ich es dabei. Häufig ergeben sich in Partien viele Gelegenheiten, Steine zu fangen, und irgendwann werden die Kinder eine für sich erkennen. Es ist wichtig, dass Sie Geduld haben, auch wenn die Lage Ihnen offensichtlich erscheint.

Ich erinnere mich an einen Fall: Einem Kind war eine Gruppe von Steinen bis an den Brettrand getrieben worden und nun kurz davor, gefangen zu werden. Um dem zu entgehen, spielte das Kind einen Stein jenseits des Brettrands. Ich war erstaunt, wie flexibel Kinder sein können, und dachte: „Wie wichtig ist es denn, dass sie den üblichen Regeln folgen?" Wie das Kind das Problem gelöst hatte, war umwerfend – aber die Entdeckung des Kindes, das herausgefunden hatte, wie man die Steine zum Rand treibt, war noch umwerfender. Ich sah keine Veranlassung, sie zu unterbrechen, solange sie Spaß am Spiel hatten. Wenn eines von ihnen protestiert, dann können sie sich einen Weg überlegen, wie man die Situation klärt. Dass sie sich eine eigene Regel schaffen, ist durchaus in Ordnung. Ich halte es für eins der Ziele des Go-Spielens mit Kindern, dass sie ihre Sichtweisen zum Ausdruck bringen und von sich aus zu einvernehmlichen Lösungen kommen.

Geduld ist wichtig, sie kann aber schwerfallen. Oft sorgen sich Kinder so sehr darum, was die Erwachsenen denken, dass sie vor dem Brett einfach nur stehen bleiben, ohne einen Stein zu spielen.

In solchen Fällen warte ich einfach, bis das Kind von sich aus etwas tut. Das kann manchmal fünf Minuten dauern, die Ihnen wohl lang vorkommen mögen. Aber wenn sie das durchhalten können und das Kind nicht drängen, ereignet sich zuweilen Erstaunliches. Die anderen Kinder sind vielleicht zuerst ungeduldig und sagen ihm, es soll einen Zug machen, aber oft fangen sie dann an, Mut zuzusprechen und das Kind anzufeuern. Und wenn das Kind schließlich spielt, klatschen sie spontan Beifall, egal wie gut der Zug war. Während ich warte, versuche ich meine Aufmerksamkeit auf das Kind zu richten und meine Gedanken nicht schweifen zu lassen. Kinder bemerken es, wenn wir das Interesse verlieren, und dann kann die Stimmung abkühlen.

Kinder sind sich dessen voll bewusst, wenn sie im Zentrum der Aufmerksamkeit stehen, und für eine Aktion Beifall zu erhalten kann dramatische Wirkung haben. Es ist nicht ungewöhnlich, dass Kinder, die kaum eine Emotion zeigen, plötzlich erstrahlen.

Nicht alle Kinder sprechen sofort auf Go an. Es gibt immer welche, die zu schüchtern sind, um sich vor Anderen hinzustellen, oder die im Raum umherrennen und so tun, als hätten sie kein Interesse. Ich ziehe es vor, diesen Kindern freien Lauf zu lassen, aber Sie werden dem Lehrpersonal vermutlich vorher Bescheid sagen müssen, dass sie sie nicht dazu zwingen sollen, mitzumachen. Der Grund für dieses Vorgehen ist der, dass es diese Kinder sind, die sich durch Go am meisten verändern werden.

Wenn das nicht geht, können Sie versuchen, mit solchen Kindern eine Einzelpartie zu spielen, aber eigentlich ist es kein Problem. Nicht alle Kinder sind gleich. Wenn welche nicht mitmachen wollen, gibt es keinen Grund, sie dafür zu tadeln. Nach meiner Erfahrung ist es besser, Kindern ihren eigenen Lauf zu lassen.

Wenn ich einer Gruppe Go vorstelle, dann beginne ich mit einem Teamwettbewerb; wenn es die Zeit jedoch zulässt, lasse ich auch Einzelpartien spielen. Die Regel kann dabei die gleiche sein wie bei Teampartien, dass also die Partei gewinnt, die als Erste etwas fängt; in Einzelpartien kann man aber auch festlegen, dass man um zu gewinnen mindestens drei Steine fangen muss, oder fünf, usw. Die beiden Spielenden entscheiden mit einer Runde Schere, Stein, Papier, wer zuerst spielt. Einzelpartien sind generell eine sehr ruhige Angelegenheit, da sich die Beteiligten völlig auf die Partie konzentrieren und sich sozusagen auf der Ebene der

Herzen austauschen. Während die Partien in der Gruppe also eher den Teamgeist fördern und eine fröhliche Stimmung unter den Kindern verbreiten, begünstigen Einzelpartien eine Vertiefung der Kommunikation und eine Atmosphäre von Wärme und Intimität.

Kinder, die am Anfang keine Kameraden haben, knüpfen dabei Freundschaften und erwerben mehr Selbstvertrauen, nachdem sie einige Einzelpartien gespielt haben. Kinder, die zuvor Unfug getrieben haben, um die Aufmerksamkeit der Lehrperson auf sich zu ziehen, werden ruhiger, wenn sie mit ihr ein paar Einzelpartien spielen. Kinder, die Anderen nicht zuhören, erwerben die Fähigkeit, aufzupassen, und Kinder, die sich nicht ausdrücken können, werden dazu in der Lage, ihre Meinung zu äußern. Das kommt daher, dass diese Fähigkeiten den Kindern in der Tat angeboren sind; Go ist nur der Auslöser, der sie zum Vorschein bringt. Mit Kommunikation auf tieferer Ebene lassen sich viele Probleme spontan lösen, und Go ist hierfür das effektivste Werkzeug, das ich habe finden können.

Bei den erfolgreichsten Go-Programmen hat man Kindern Go-Sets zur Verfügung gestellt, damit sie nach Lust und Laune spielen können. Wenn die Kinder Freizeit haben, können sie spielen, so viel sie wollen. Diese Zwanglosigkeit ist der Schlüssel. Wenn es eine feste Zeit für Go gibt, kann das für die Lehrkraft eine zusätzliche Last bedeuten. Go sollte einfach nur als Teil der informellen Aktivitäten zur Verfügung stehen.

Beim Go-Spielen ist es sehr wichtig, dass beide Seiten einander offen ins Gesicht sehen. Ich ermuntere Lehrerinnen und Lehrer sehr dazu, mit Kindern zu spielen, die das gern möchten. Es ist dabei nicht notwendig, sich auf einen kleinen Stuhl zu setzen, um sich auf die Ebene des Kindes zu begeben. Wichtig ist aber die Haltung gegenüber dem Kind. So lange sich der oder die Erwachsene auf das Kind konzentriert und sich bemüht, sich ernsthaft mit ihm auseinanderzusetzen, ist alles prima. Das Kind muss die Aufmerksamkeit der Lehrperson spüren.

Auch wenn die Lehrerin oder der Lehrer nur ein paar Minuten Zeit dafür findet, mit dem Kind zu spielen, ist es wichtig, dass sie oder er es tut. Es bietet eine Möglichkeit, mit dem Kind zu interagieren und hilft dem Kind dabei, Sicherheit im Umgang mit anderen zu erwerben. Das beobachte ich immer wieder. Go ist schlichtweg ein Werkzeug für zwischenmenschliche Interaktion.

## Unterricht in der Grundschule

Das Go-Spiel vorzustellen und für eine gute Atmosphäre zu sorgen geht ein wenig leichter, wenn die Kinder älter als fünf Jahre sind. Hier eröffnet sich auch die Möglichkeit, dass man die ganze Schule in die Go-Aktivitäten einbindet. Ich versammle mehrere hundert Schülerinnen und Schüler in der Turnhalle, führe auf die übliche Weise in das Spiel ein und wähle zwei Teams aus für eine Partie zur Demonstration. Dann lasse ich alle eine Übungspartie gegen ihren Nachbarn oder ihre Nachbarin spielen, eins gegen eins, nachdem ich an alle kleine Bretter ausgeteilt habe. Danach bilden wir freie Teams aus jeder Klassenstufe und dazu ein Team der Lehrkräfte. Diese Teams spielen vorn auf dem großen Demo-Brett ein Turnier, und das ist sehr aufregend. Oft gewinnen die jüngeren Teams; dass die Lehrkräfte den Sieg davontragen ist eine Seltenheit. Diese Art von Interaktion mit dem Lehrkörper ist für die Schülerinnen und Schüler sehr zuträglich – vor allem wenn die Lehrkräfte verlieren! Ich empfehle, so ein Turnier zweimal pro Jahr abzuhalten.

Man muss nicht gut Go spielen, um in so einem Programm Go zu unterrichten. Tatsächlich ist es ein Vorteil, was die Ziele des Programms angeht, wenn man als Lehrkraft auf derselben Stufe steht wie die Kinder. Auch wenn die Lehrkraft sich mit dem Spiel nicht gut auskennt, kann sie die Kinder trotzdem unterstützen und anspornen.

Manchmal entstehen in einer Partie sehr komplizierte Steinformationen, bei denen nicht gleich auffallen mag, dass manche Steine in der Tat bereits umschlossen sind. Das ist kein Problem. Meine Empfehlung ist es, dafür die Regel zu haben, dass die Partei, die als erste erkennt, dass die Steine umschlossen sind, die Partie gewonnen hat. Wie es scheint, findet diese spezielle Regel allgemein Anklang.

Natürlich ist es gut, wenn Schülerinnen und Schüler mit Lehrkräften auf Augenhöhe interagieren. Darüberhinaus können Kinder auch eine Menge lernen, wenn sie dabei zusehen, wie die Lehrerinnen und Lehrer es anpacken, besser zu werden und mit ihren Erfahrungen aus gewonnenen und verlorenen Partien umgehen.

Wenn ich mit mehreren Klassen auf einmal zu tun habe, dann lade ich ihre Lehrkräfte dazu ein, mitzumachen und Einzelpartien gegeneinander zu spielen. Es ist gut, wenn die Schülerinnen und Schüler sehen, wie ihre Lehrerinnen und Lehrer miteinander spielen, und sie werden ihre eigenen anfeuern, auch wenn der oder diejenige vor der Partie nicht sonderlich beliebt war. Kinder wollen nicht, dass ihr Lehrer oder ihre Lehrerin verliert.

Auch für die andere Seite ist es von Vorteil. Die Lehrkräfte sind es normalerweise nicht gewohnt, dass ihre Zöglinge sie anfeuern, und diese Erfahrung kann für sie sehr bereichernd sein. Und die Kinder können nach so einer Partie eine positivere Einstellung gegenüber ihrem Lehrer oder ihrer Lehrerin entwickeln. Nach meinem Gefühl ist diese Art von Aktivität besonders wichtig für Lehrkräfte, die glauben, dass sie keine gute Beziehung zu ihren Zöglingen haben.

## Unterricht in weiterführenden Schulen

Ältere Schülerinnen und Schüler sind in der Regel teilnahmslos oder vielleicht auch einfach müde. Manchmal sind sie Erwachsenen gegenüber erkennbar misstrauisch. Im Vergleich zu jüngeren Kindern muss man mehr Mühe aufwenden, um ihre Aufmerksamkeit zu wecken. Deshalb beginne ich oft damit, dass ich über Beziehungen zum anderen Geschlecht rede. Vor dem Hintergrund der Erwartungen, die unser Publikum einem Vortrag über Go entgegenbringen wird, sorgt das Anschneiden dieses Themas immer für einen Wandel der Stimmung. Ich bitte diejenigen, die schon mit jemandem ausgegangen sind, die Hand zu heben; manche tun das, während andere dazu zu schüchtern sind. Wenn sich die Atmosphäre gelockert hat, stelle ich in gewohnter Weise das Spiel vor und beginne dann mit Teams bestehend aus gemischten Paaren, was in dieser Altersgruppe gut funktioniert. Nach der Demo-Partie lasse ich die Gruppe zur Übung Einzelpartien spielen, und dann veranstalten wir die gleiche Art von Turnier wie in Grundschulen. Ich schließe ab mit einem Turnier zwischen Teams aus Lehrerinnen und Lehrern, denen es eine hervorragende Stimulanz bietet, wenn sie von den Schülerinnen und Schülern angefeuert werden. Ich lege immer Wert darauf, diese beiden Gruppen durch Go einander näher zu bringen.

## Unterricht in Einrichtungen des Gesundheitswesens

Go-Programme sind eingeführt worden in Schulen für Hörgeschädigte, in Schulen für behinderte Kinder, in Zentren für Menschen mit Behinderung und in Altenzentren. An solchen Einrichtungen ein Go-Programm durchzuführen ist nicht schwierig; aufgrund des Vorurteils, Go sei ein schwieriges Spiel, mag das Angebot allerdings anfänglich auf Widerstand treffen. Es stimmt, dass manche behinderte Menschen das Konzept „Umschließen, um zu fangen" nie verstehen werden, aber im Extremfall kann man sich einfach nur an ein Brett begeben und Steine setzen. Für nur irgendeine Aktion Applaus zu erhalten kann vielen Leuten in solchen Situationen eine positive Erfahrung bieten. Bei einer Gruppe von Menschen mit Behinderung folge ich dem gewohnten Ansatz, einen Weg zu finden, jemanden dazu zu bewegen, nach vorn zu kommen und einen Stein zu setzen. Manchmal muss ich der Person dabei helfen, das zu tun, aber ich bitte immer um Applaus, wenn ein Stein auf einem Kreuzpunkt platziert wurde, und auch dann, wenn er nicht auf dem Kreuzpunkt zu liegen kommt. Die Atmosphäre verändert sich dadurch vollkommen, und von da an läuft normalerweise alles rund. Das Tempo ist natürlich ein viel langsameres als in der Schule.

Menschen in Einrichtungen haben meist selten Gelegenheit, von Anderen für etwas, das sie tun, Anerkennung zu finden. Wenn sie nun in Form von lautem Beifall erstmals Anerkennung erfahren, hilft ihnen das dabei, mehr Selbstvertrauen zu entwickeln.

Wenn möglich, erkläre ich bei diesen Gelegenheiten die Regel „Umschließen, um zu fangen", einige verstehen sie jedoch nie. Und manche werden den Stein immer in ein Feld setzen, aber das ist egal. Ich schiebe ihn auf einen Kreuzpunkt und bitte um Applaus für die Person.

Die Uhren ticken in solchen Heimen langsam, aber die Menschen genießen die Zeit, in der sie Go spielen. Das kann man ihren veränderten Gesichtsausdrücken und ihrem Kundtun, dass sie sich darauf freuen, zu spielen, unschwer entnehmen. Nur wenige von ihnen spielen von sich aus, aber selbst wenn sie nur bei meinen Besuchen alle zwei Monate spielen, kann es ihr Leben verändern. Zuweilen sind die Veränderungen dramatisch, und die Leute werden viel reger und sogar körperlich beweglicher. Es ist toll, so etwas zu beobachten. Hier gäbe es ein interessantes Forschungsthema.

## Stimmen aus der Praxis

### *Ein Erfahrungsbericht von Baba Rie, Lehrerin an der Sunayama-Vorschule in Fukuoka*

Die Sunayama-Vorschule ist eine Mehrzweckeinrichtung, in der auch eine Altentagesstätte und ein Hort für Grundschulkinder untergebracht sind. Im Februar 1996 begannen wir damit, unseren Kindern Go-Aktivitäten anzubieten, da das, was Herr Yasuda zu erreichen versucht, mit unseren Zielen übereinstimmt. Heute spielen die Vorschulkinder, die Älteren an der Tagesstätte und die Grundschulkinder am Hort alle Go, jeden Tag. Es herrscht eine lebendige Atmosphäre, wenn die Kinder Jagd auf die Älteren machen, um mit ihnen Go zu spielen.

Wir setzen an unserer Schule den Schwerpunkt auf „Interaktion". Durch das Spiel von Angesicht zu Angesicht kultivieren wir beim Go eine Kommunikation von hoher Qualität. Es ist offensichtlich, dass Go zu spielen die Kinder verändert. Ein Junge, der zu Anderen wenig Anschluss fand, ist zum Beispiel ein guter Go-Spieler geworden und zeigt nun im Umgang mit ihnen mehr Selbstbewusstsein. Zu seinem Geburtstag hat sich der Junge von seinen Eltern ein Go-Set gewünscht. Auch wenn er noch nicht lesen kann, freut er sich immer darauf, in der Zeitung nach der Go-Rubrik zu suchen. Seine Eltern sind von diesem Wandel beeindruckt.

Wir finden, dass es sehr wichtig ist, dass Väter Interesse an der Erziehung ihrer Kinder haben, aber sie wirklich einzubinden hat sich immer als sehr schwierig erwiesen. Der Vater dieses Jungen aber ist heute Vorsitzender des Elternvereins, und er ermuntert die anderen Väter mit großem Engagement dazu, sich an der Erziehung ihrer Kinder zu beteiligen. Ich glaube, dies ist einer der großen Verdienste des Go-Programms.

Ein weiterer Verdienst des Go-Programms ist, dass die Kinder beim Spiel mit den Älteren an der Tagesstätte Güte und Wertschätzung Anderer gelernt haben. Jedes Kind scheint unabhängiger und selbstbewusster geworden zu sein.

## Stimmen aus der Praxis

### *Ein Erfahrungsbericht von Hayashi Takashi, Gründer des Kinder-Go-Verbands in Hatsukaichi, Hiroshima*

Dass wir Go gut dazu verwenden könnten, in Kindern einen gesunden und starken Geist zu fördern, davon bin ich schon lange überzeugt. Nach meiner Pensionierung habe ich verschiedenen Leuten in meinem Umfeld versucht, die Vorzüge von Go nahezubringen, aber sie hörten mir nicht zu. Dann las ich zufällig einen Artikel über Herrn Yasuda in einer Zeitung, und mir schien, dass ich endlich einen Weg gefunden hatte, Go zum Einsatz bringen zu können. Im Dezember 1998 begleitete ich Herrn Yasuda an einer Vorschule und einer Einrichtung für Menschen mit Körperbehinderung in Fukuoka, um mitzuverfolgen, wie er sein Go-Programm umsetzte. Ich bat Herrn Yasuda, nach Hatsukaichi zu kommen, um dort ein Go-Programm aufzubauen. Herr Yasuda antwortete jedoch: „Das können Sie selbst, Herr Hayashi. Es wäre für Sie eine lohnende Aufgabe."

Es blieb mir nichts anderes übrig, als es auf eigene Faust mit dem Go-Programm zu versuchen. Nach meiner Rückkehr nach Hatsukaichi ging ich zu einer Vorschule in der Nähe meines Hauses und sprach mit der Rektorin über Sinn und Zweck des Go-Programms. Zu meinem Glück ging sie auf mein Angebot ein. Mit Go-Sets, die ich vom Nihon Ki-in erworben hatte, tat ich es nun Herrn Yasuda gleich und führte mit seiner Methode in Go ein. In kürzester Zeit stellte ich fest, dass ich mir keine Sorgen zu machen brauchte. Die Kinder spielten sehr gern Go. Seither habe ich das Go-Programm auf vier Vorschulen, einen Kindergarten, auf Club-Aktivitäten an Grundschulen und auf eine Altentagesstätte ausgeweitet.

Ich hatte nie irgendwelche Schwierigkeiten, Go zu erklären, da die Regeln ganz einfach sind, aber einmal geriet ich in Verlegenheit darüber, wie ich mit einem Kind umgehen sollte, das in Tränen ausbrach, als es eine Partie verlor. Ich sagte dem Kind, dass es dadurch, dass es einige Partien verliert, zu einem besseren Spieler wird, und es hörte auf zu weinen.

Von Beginn an erhielt ich mit dem Programm beeindruckende Resultate. An einer der Vorschulen gab es zwei Kinder mit leichtem Autismus, die den ganzen Tag nur damit zubrachten, an einer Ecke des Spielplatzes zu sitzen. Die Rektorin erzählte mir, dass sie begonnen hatten, sich Anderen anzuschließen, nachdem das Go-Programm in die schulischen Aktivitäten aufgenommen worden war. Ich sah das überraschte Gesicht der Rektorin und war meinerseits überrascht, denn ich hatte den Kindern nicht angemerkt, dass sie autistisch waren.

Über meine Aktivitäten wurde in einem Artikel im kommunalen Nachrichtenblatt berichtet, und nun gibt es viele Leute, die mir ihre Zusammenarbeit anbieten. Als sich die Zahl der zu besuchenden Einrichtungen vergrößerte, wurde es mir unmöglich, mich selbst um alle zu kümmern. Darum habe ich mit meinen Freunden einen Kinder-Go-Verband gegründet, und nun ist jedes Mitglied für eine bestimmte Schule oder Einrichtung verantwortlich. Wir sind heute wir an einem Punkt, an dem viele Einrichtungen daran interessiert sind, am Go-Programm teilzuhaben. Mir und meinen Freunden ist es der größte Wunsch, unser Netzwerk an Go-Aktivitäten weiter auszudehnen.

# Teil 3: Das Programm verbreitet sich in der Welt

## Das erste Go-Programm in Übersee – in den Niederlanden

Meine Bemühungen, Menschen durch Go zusammenzubringen, haben sich inzwischen auf außerhalb Japans ausgedehnt. Mein Horizont erweiterte sich dank einer Begebenheit in Nokonoshima in der Präfektur Fukuoka. Der Austausch zwischen dem Heim Himawari-no-sato und der Vorschule in Nokonoshima hatte sich vertieft, und auf der ganzen Insel hatten Leute Gefallen an Atari-Go gefunden. Bei einer Abschlussfeier an der Nokonoshimaer Vorschule, bei der es den Brauch gibt, dass jedes Kind davon erzählt, was es später einmal werden möchte, sprach ein Mädchen über ihren Traum, Go-Lehrerin zu werden. Ihr Vater, der sich dabei vorstellte, dass das Mädchen Go-Profi werden wollte, fragte sie, warum sie diesen Traum habe. „Ich will Go in der ganzen Welt bekannt machen", antwortete sie, „damit alle als Freunde miteinander Go spielen können."

Der Vater war überrascht, aber ich noch mehr, als ich später davon hörte. Wenn eine Person davon spricht, Go-Lehrerin oder -Lehrer werden zu wollen, dann meint sie damit normalerweise, dass sie Go-Profi werden will. Aber das Mädchen hatte nicht die Absicht, Go für sich selbst zu lernen, sondern sie wollte, dass die Menschen auf der ganzen Welt in Harmonie zusammenleben, indem sie Go spielen. Von da an begann ich darüber nachzudenken, außerhalb Japans für mein Go-Programm zu werben.

Nicht lange danach erfuhr ich, dass die Austragung eines wichtigen Go-Titelkampfs in den Niederlanden stattfinden sollte. In den Niederlanden war Frank Janssen zu Hause, der mich in Japan besucht hatte und der von meinem Atari-Go-Programm begeistert war. Wir hatten bei jenem Anlass die Stadt Omachi in der Präfektur Nagano besucht und Kindern in einem Krankenhaus Go beigebracht. Herr Janssen verstand sehr gut, dass Go nicht nur als Hobby Verwendung finden konnte, sondern auch auf den Gebieten der Erziehung, Sozialarbeit und Therapie, und er hatte in der Tat in den Niederlanden ein Atari-

Go-Programm gestartet. Diese Gelegenheit, Go außerhalb Japans bekannter zu machen, wollte ich nicht verstreichen lassen, und so bat ich den Yomiuri Zeitungsverlag, den Sponsor des Titelkampfs, mich in die Niederlande zu entsenden. Sie willigten ein.

Das war im Januar 1996, und es war für mich die erste Gelegenheit, mein Programm im Ausland auszuprobieren. Da ich kein Englisch spreche, von Niederländisch ganz zu schweigen, war ich unsicher, ob das Problem der Verständigung nicht ein Hindernis für einen reibungslosen Verlauf des Go-Programms darstellen würde. Ich konnte auch nicht sagen, ob Go Kindern in den Niederlanden gefallen würde. Ich war zwar davon überzeugt, dass Kinder in jedem Land Spaß an Go haben würden, aber ich war mir nicht sicher, ob ich über den Umweg des Dolmetschens in der Lage wäre, eine Atmosphäre zu schaffen, die so gut war, dass die Kinder mit Begeisterung spielen.

Um für ein wenig gute Stimmung zu sorgen, stieg ich damit ein, „Schere, Stein, Papier" zu spielen, und stimmte einige japanische Lieder an. Außerdem schrieb ich das Schriftzeichen für „Pferd" an die Tafel und ließ sie die Bedeutung raten. Alle diese Tätigkeiten halfen dabei, das Eis zu brechen.

Dann stellte ich das Prinzip „Umschließen, um zu fangen" vor, und kurz darauf spielten die Kinder ihre ersten Partien. Sie waren nicht minder begeistert als japanische Kinder. In den Niederlanden ist Fußball sehr populär, und ihre Begeisterung äußerte sich ähnlich der von Fans bei einem Fußballspiel. Sie stampften auf den Boden, brüllten und machten wirklich eine Menge Lärm. Die Lehrkräfte waren erstaunt, wie da ein Japaner vom anderen Ende der Welt anreisen und für derartigen Radau sorgen konnte.

Die Schulen, die ich besuchte, waren eine private jüdische Schule und eine Montessori-Schule. An beiden Schulen spielten die Kinder Go mit viel Begeisterung, der Besuch an der Montessori-Schule jedoch war für mich besonders beeindruckend. Es gibt an dieser Schule keinen festen Stundenplan: Jedes Kind hat jeden Tag seine eigenen Aufgaben, und wenn nötig, dann werden sie von den Lehrkräften bei diesen unterstützt. Die Kinder haben natürlich nicht völlig freie Hand, und wenn ein Kind ein anderes stört, dann sind die Lehrkräfte beim Maßregeln recht streng. Wie es schien, nahm man sich dort zum Ziel, eine Balance dazwischen zu schaffen, die Kinder anzuleiten und sie zugleich aber auch Dinge selbst herausfinden zu lassen. Als ich an der Schule mit meinem Go-Programm begann, kamen nach und nach, allein oder zu zweit, die Lehrkräfte in den Klassenraum, und am Ende waren alle in Partien vertieft. Später sagten sie zu mir, dass Go sich gut in die Montessori-Methodik einfüge, und zeigten sich sehr daran interessiert.

Die Atmosphäre an Schulen ist von Land zu Land verschieden, aber vielleicht trifft man es genauer, wenn man sagt, dass sich die Rollen der Lehrkräfte unterscheiden. In den Niederlanden sah ich zum Beispiel, dass die Lehrkräfte in den Pausen mit den Kindern spielten. Oft sah ich auch, wie ein Lehrer oder eine Lehrerin sich zu einem einzelnen Kind gesellte, während es lernte. In Japan sieht man nicht oft, dass Lehrkräfte mit Kindern spielen. Da gab es in manchen Fällen sogar Lehrkräfte, die sich ihren eigenen Aufgaben widmeten, während ich mit den Kindern Go spielte. Haben die Lehrerinnen und Lehrer in Japan zu viel zu tun? Ich habe in Europa sechs Länder besucht und festgestellt, dass in jedem Land die Kinder ihre Lehrerinnen und Lehrer „cool" finden. Sie scheinen bei den Kindern gut anzukommen. Zugleich schien die Reaktion der Kinder auf Go genau die gleiche zu sein wie die, die ich bei japanischen Kindern beobachtet hatte.

Ich kehrte zu zwei weiteren Gelegenheiten zurück in die Niederlande, und im Lauf dieser Zeit hatte sich die Auffassung des Go-Spiels bei den betreffenden Personen weiterentwickelt, auch bei Herrn Janssen. In den Niederlanden war eine Organisation eingerichtet worden, das European Go Cultural Center, mit dem Ziel, Go in ganz Europa bekannt zu machen. Herr Janssen arbeitet für die Organisation, und alle Leute in der Organisation, einschließlich ihres Leiters, Eric Puyt, haben sich mit den Vorzügen von Atari-Go intensiv beschäftigt. Über das Internet haben sie damit begonnen, Leuten in anderen Ländern von ihren Go-Aktivitäten an Schulen zu berichten sowie die Lehrenden und Kinder vorzustellen, die in den Niederlanden Go spielen. Mich überrascht immer wieder, welch enormes Potential Go hat.

### – in Rumänien

Während meiner Schulvisiten in den Niederlanden begegnete ich einem jungen Mann aus Rumänien, Roberto Mateescu. Als Student war er nach Japan gegangen, um Go zu lernen, und war dort Schüler meines eigenen Go-Lehrers gewesen. Beeindruckt von meinem Programm an der Schule bat er mich, nach Rumänien zu kommen, und acht Monate später konnte ich zu ihm reisen.

Ich hatte in Rumänien Gelegenheit, eine Reihe von Einrichtungen zu besuchen, und wie schon erwähnt fiel mir dabei auf, wie die Atmosphäre an Schulen sich von Land zu Land unterscheidet. Nach dem Zusammenbruch der Sowjetunion war es um die Wirtschaft in Rumänien nicht gut bestellt. Rumänien ist ein Agrarland, und so gibt es dort reichlich Nahrungsmittel, aber sonst nicht viel. Verglichen mit Japan fehlte es praktisch an allem. Auf der anderen Seite spürte ich eine große Herzenswärme bei allen, die ich dort traf. Auf unserem Weg von Bukarest nach Braila kamen wir am Haus von Robertos Großmutter vorbei. Sie kam aus dem Haus und umarmte mich gleich, und legte dabei ihre Wange an meine. Diese Wärme werde ich nie vergessen.

Nach unserer Ankunft in Braila besuchten wir eine Schule. Dort war eine Lehrerin, Frau Liliana Iacob, die einen Go-Club gegründet hatte und gern mit den Kindern spielte. Den Go-Club hatte sie eingerichtet einfach aus dem Grund, dass Go ein interessantes Spiel sei. Sie hegte dabei keine besonderen Absichten zu erziehen oder die Kommunikation zu fördern.

Die Schule war so etwas wie die Kombination einer japanischen Grund- und Mittelschule, und das Alter der Kinder reichte von sieben bis fünfzehn. Ich bat sie, die Kinder zu versammeln, die Go noch nicht kannten. Ich wurde in eine Art Naturwissenschaftsraum gebracht, der halb im Untergeschoss lag und in dem etwa einhundert Kinder auf mich warteten.

Wir begannen zu spielen, und es dauerte nicht lange, bis die Kinder ordentlich Krawall machten. Als ich einen Blick zu den Fenstern warf, stellte ich fest, dass viele Kinder von draußen in den Raum spähten, in dem wir spielten. Ihre Augen waren voller Neugier und Wissensdurst, was wir da taten.

Einige anwesende Lehrkräfte, die uns aufmerksam zuschauten, schienen ebenso interessiert. Sie baten mich, auch ihren Klassen

Go beizubringen, und so kam ich am nächsten Tag wieder an die Schule. Diesmal besuchte ich drei Klassen für Siebenjährige. Sie waren ganz bezaubernd, und ihre Augen strahlten: Ich hatte den Eindruck, dass sie mir mit großer Lernbegier folgten. Entspricht diese Art von Einstellung nicht der wahren Natur von Kindern?

Auch die Augen japanischer Kinder strahlen, wenn sie Go spielen, aber irgendwie sah ich in jenen der rumänischen Kinder etwas anderes. Sie hatten an allem Interesse und waren begierig darauf, alles zu lernen. Ich denke mir, dass japanische Kinder, wenn sie mit diesen wundervollen Kindern in Rumänien einen Austausch machen könnten, viel lebendiger würden.

Den Kindern in der rumänischen Schule gefiel Go so gut, dass es in der ganzen Schule zum Gesprächsthema wurde und mehr als dreihundert Kinder Frau Iacobs Go-Club überrannten. Sie musste sich Hilfe suchen. Sie bat Herrn Iulian Toma, der in Braila ein Krankenhaus leitet und Vorsitzender des rumänischen Go-Verbands ist, um Unterstützung. Toma ist ein guter Spieler, und er war bereit ihr zu helfen, die Zusammenarbeit führte jedoch später zu Problemen. Herr Toma hatte nicht gesehen, wie das Go-Programm durchgeführt wurde, als ich die Schule besuchte, und die Absichten des Go-Programms waren ihm unzureichend kommuniziert worden.

Zwei Jahre später, im Jahr 1998, hatte ich die Gelegenheit, Braila noch einmal zu besuchen, und traf mit Herrn Toma zusammen. Er begann über den Go-Club zu sprechen. „Wissen Sie, was mit dem Go-Club passiert ist?" fragte er. Ich ahnte schon, was kommen würde, und sagte: „Vermutlich ist die Mitgliederzahl zurückgegangen, auf fünfzig oder so?" Er antwortete: „Auf ganze fünf ist sie gefallen!" Ich fragte ihn, was er im Go-Club mache. Wie sich herausstellte, erklärte Toma die Spieltaktiken, die japanische Go-Profis anwenden, und er besprach sehr diffizile Strategien. Er hatte versucht, aus den Kindern regelrechte Champions zu machen, und sie in strenger Manier Go-Taktiken gelehrt. Kein Wunder, dass die Kinder davongelaufen waren!

Ich ließ Herrn Toma dabei zusehen, wie ich mit den Kindern Atari-Go spielte und erläuterte, warum ich dieses Programm verfolge. Ich selbst hatte schmerzliche Erfahrungen gemacht, als ich versuchte, die komplizierteren Regeln zu unterrichten. Ich hatte bei etwa fünfhundert Kindern für eine Go-Phobie gesorgt. Also sagte ich zu Herrn Toma: „Fünfhundert Kindern Go zu vergällen sei Ihnen gestattet, da ist Ihnen kein Vorwurf zu machen." Seine Antwort war: „Da habe ich mein Limit ja schon so gut wie erreicht!" Wir brachen beide in Gelächter aus. Er hatte inzwischen vollkommen verstanden, was ich mit dem Programm bezweckte, und daher bezweifle ich, dass er den Fehler noch einmal machen wird.

Bei meinem zweiten Besuch in Braila konnten wir für das Programm ein Kulturzentrum in der Stadt nutzen, und es erschienen mehr als hundert Kinder aus verschiedenen Schulen. Die Kinder hatten wirklich Spaß am Go-Spielen. Einer der teilnehmenden Lehrer war so beeindruckt, dass er mich einlud, am folgenden Tag an seine Schule zu kommen. Wieder machte der Raum den Eindruck eines Naturwissenschaftsraums, und es warteten dort auf mich etwa einhundertfünfzig Kinder, gedrängt wie die Ölsardinen. Das Programm hatte eigentlich nur für eine Klasse stattfinden sollen, aber der Lehrer hatte anderen Lehrkräften von dem Programm erzählt, und sie wollten auch dabei sein. Es waren also zusammen vier oder fünf Klassen, aber wie ich sah, waren die Kinder, die im Kulturzentrum Go gespielt hatten, nicht mit im Raum. Jene Kinder sollten erst in der Mitte des Programms hinzustoßen. Ich wunderte mich darüber und fragte später nach dem Grund. Es stellte sich heraus, dass eines der Kinder, das im Kulturzentrum Go gespielt hatte, den Lehrer gefragt hatte, weshalb sie an dem Tag nicht am Go-Programm teilnehmen konnten. Der Lehrer erklärte ihnen, dass sie am Vortag ihre Partien gehabt hätten, und nun die anderen Kinder an der Reihe seien zu spielen. Eines der Kinder fing an zu weinen und bat den Lehrer, sie am Programm teilnehmen zu lassen, und sagte: „Wir wollen mehr davon hören, was der Go-Lehrer erzählt." Der Lehrer war von dieser Bemerkung so gerührt, dass er nachgab und ihnen erlaubte, die zweite Hälfte mitzuverfolgen.

Ich hörte die Geschichte, als ich mit den Verantwortlichen zu Abend aß. Sie sagten, die Kinder hatten mehr von mir hören wollen, aber viel mehr hatte ich gar nicht zu erzählen. Außerdem hörten die Kinder meine Rede gedolmetscht, und ich wusste nicht, wie gut mich die Kinder verstanden. Tatsächlich hatten wir uns offenbar auch so verständigen können, in der Sprache des Herzens, und ich bin davon überzeugt, dass Go entscheidenden Anteil daran hatte.

## – in der Tschechischen Republik

Wir neigen dazu, Europa als eine Einheit zu betrachten, aber die Atmosphäre in westeuropäischen Ländern wie den Niederlanden, Belgien und Frankreich ist ganz anders als in osteuropäischen Ländern wie Rumänien oder der Tschechischen Republik. Natürlich ist auch die Wirtschaftslage in Osteuropa eine ganz andere, ich habe aber den Eindruck gewonnen, dass die Menschen dort bescheiden sind. Im September 1998 besuchte ich das erste Mal die Tschechische Republik und spielte mit etwa eintausend Kindern Go. Eine besonders lebhafte Erinnerung habe ich an ein pädagogisches Fachseminar. Als ich dort mit dreißig Schülerinnen und Schülern im Alter von sechzehn Jahren Go spielte, behandelte man mich mit ausgesprochener Gastfreundlichkeit. Die Schule befindet sich in einer Stadt namens Liberec. Einige von ihnen trugen ihre Tracht, und sie luden mich zu Brot und Bier ein, wie es ihr Brauch zur Begrüßung von Gästen ist.

Ich sang ein paar Lieder und sprach über einige Schriftzeichen, ganz wie gewohnt. Sie wurden locker, und der Zeitpunkt war gekommen, Go zu spielen. Als Erstes forderte ich sie auf, sich in ein schwarzes und ein weißes Team aufzuteilen, sie aber gaben zurück: „Das haben wir schon!" Da erkannte ich, dass alle Schülerinnen und Schüler entweder schwarze oder weiße Kleidung trugen. Eins zu null für sie! Wir spielten, und nach den Partien hatten wir eine informelle Diskussion.

„Ich vermute, dass wird über euren Verstand gehen, aber in Japan bringen sich Kinder in eurem Alter um", erzählte ich ihnen. Sie waren verwirrt. So etwas konnten sie sich nicht vorstellen, denn wie sie fanden, war das Leben in ihrem Alter nichts anderes als ein einziger Spaß. „Wir können in Japan mit Geld alles kaufen. Wir dürfen alles tun. Essen und Kleidung gibt es in Hülle und Fülle. Aber wenn Menschen den Mut verlieren, dann können sie gefährlich werden", setzte ich fort. Dann brachte ich das Problem der Gewalt unter Kindern zur Sprache. „Die Kinder einer Gruppe fangen an, ein Kind herauszugreifen und es zu mobben.

Andere Kinder, die Zeugen des Mobbings werden, kommen dem gemobbten Kind nicht zu Hilfe, um nicht selbst Opfer zu werden. Im schlimmsten Fall gesellen sie sich zu den Tätern. Es ist sehr traurig, dass einige Kinder sich infolgedessen ganz zurückziehen oder sogar Suizid begehen." Ich sah, wie einer der Jungen, der mir zugehört hatte, weinte. Die Kinder in der Tschechischen Republik und die Kinder in Japan leben auf demselben Planeten und sind dieselben unschuldigen Kinder. Warum kann die Situation dann so verschieden sein, je nachdem wo sie leben?

Ich hatte aus Japan Go-Bretter aus Papier mitgebracht und überreichte jedem der Kinder eines. Nach dem Gespräch kam ein junger Lehrer in den Zwanzigern auf mich zu. Auch dieser Lehrer verdrückte Tränen. Er bat mich darum, ihm auf der Rückseite des papiernen Go-Bretts ein Autogramm zu geben. Als die Schülerinnen und Schüler das sahen, umringten sie mich und baten ebenso um Autogramme. Halb im Scherz sagte ich: „Gut, aber dafür müsst ihr mir einen Kuss auf die Wange geben..."

Die Schülerinnen und Schüler am Seminar schienen mit ihren Füßen fest auf dem Boden zu stehen. Verglichen mit ihren Pendants an japanischen Oberschulen wirkten sie sehr reif. Diese Jugendlichen in der Tschechischen Republik konnten absolut nachvollziehen, weshalb ich versuche, Go zu verbreiten, und hatten auch verstanden, dass wir uns alle gleich sind. Nach ihrem Schulabschluss werden sie alle als Lehrer oder Lehrerin arbeiten, und sie versprachen mir, die Tugenden des Go-Spiels in ihrem Umfeld zu verbreiten.

### – in Polen

Ich machte einen Abstecher in eine Stadt namens Wodzisław in Polen, nahe der Grenze zur Tschechischen Republik, in der Jan Lubos lebt, ein guter Go-Spieler. Er spielt so gut, dass er an der Go-Amateurweltmeisterschaft teilgenommen hat, und während er zu diesem Anlass in Japan war, begleitete er mich bei einigen Besuchen in Kindergärten und Heimen für behinderte Menschen. Jan Lubos verstand meine Ziele. Ich hatte nicht geplant, nach Polen zu fahren, aber Jan Lubos wollte unbedingt, dass wir uns dort treffen, und so begaben wir uns trotz unseres engen Zeitplans zu ihm. Ich wurde von zwei Schulen eingeladen.

Man war zwar auf dem Land in Osteuropa, aber es ging nicht alles ruhig und beschaulich zu. Insbesondere gab es an einer der Schulen eine Klasse von Vierzehn- und Fünfzehnjährigen, bei der sich den Aussagen der Lehrkräfte entnehmen ließ, dass sie die Schülerinnen und Schüler nicht unter Kontrolle hatten. Sie gebärdeten sich sehr laut und aufsässig, als ich den Raum betrat.

Ich war von Jan Lubos vorgewarnt worden, was die Situation an der Schule betraf. Er erzählte mir, dass in Polen beim Übergang von einem kommunistischen zu einem kapitalistischen Wirtschaftssystem das Land höchste Priorität auf das Bestreben gelegt hatte, die Wirtschaft wiederaufzubauen. Folglich hatte das Land geringere Priorität auf die Erziehung gelegt, und dies hatte zu einer Reihe sozialer Probleme geführt. (Es handelte sich um eine Schule für Kinder aus „schwierigen Verhältnissen", häufig Kinder von Arbeitslosen usw.) Jan Lubos hatte Zweifel, ob ich eine Go-Lektion würde durchführen können, weil die Kinder nicht in der Lage wären, sich auf eine Sache zu konzentrieren. Für mich war das jedoch genau die Situation, in der Go hilfreich war. Ich ignorierte die Lage im Klassenzimmer und begann wie immer mit meiner Einführung in Atari-Go. Bald waren wir bei einer Partie zwischen den Lehrkräften und den Kindern angelangt, die sie in Aufregung versetzte. Die Kinder waren frustriert, wenn sie verloren und überglücklich, wenn sie gewannen, und umarmten einander innig. Das waren wunderbare Momente.

Die andere Schule war eine weiterführende Schule. Wir hatten dort am Morgen mit drei Go-Lektionen für die Jüngeren begonnen. Aber auch andere Kinder äußerten großes Interesse an einem Go-Kurs. Daher organisierten wir noch eine öffentliche Sitzung am Nachmittag, nach dem Unterricht. Ich erwartete, dass nur zehn oder zwanzig Kinder kommen würden, aber es tauchten an die einhundert auf. Eine Partie zwischen Achtjährigen und Fünfzehnjährigen wurde gespielt. Das Team der Lehrkräfte stieß später zu den Partien hinzu, und ihre Partien sorgten für noch mehr Leidenschaft. Die Direktorin der Schule war eine wunderbare Frau um die Vierzig. Sie war von dem Erlebnis sehr berührt und sagte mir, sie werde Go in den regulären Unterricht aufnehmen. Ich wurde ins Rektorat eingeladen, zu einem Imbiss mit Wein, Brandy und Champagner. Als ich sie fragte, ob ihr

Büro häufig für diese Art von Feierlichkeit genutzt werde, sagte sie, das sei das erste Mal in der Geschichte der Schule! Soweit ich weiß, gibt es dort nun wöchentlichen Go-Unterricht ab der zweiten Klasse, und alle zwei Wochen in der ersten Klasse.

## – in Ungarn

Ich hatte in Europa Gelegenheit, verschiedene Schulen zu besuchen, aber auch eine Einrichtung für behinderte Menschen in Budapest, Ungarn. Diese Rehabilitationseinrichtung nimmt Kinder auf, die aufgrund von zerebraler Kinderlähmung hospitalisiert worden waren. Das Institut heißt PETŐ und ist sehr groß, etwa so wie ein Universitätskrankenhaus in Japan. Die Kinder kommen nicht nur aus Ungarn, sondern aus der ganzen Welt. Pető ist der Name des Arztes, die die dort angewendete Rehabilitationsmethodik entwickelt hat. Es gibt am PETŐ verschiedene Therapiemethoden, und meine Erwartungen, dass Go in ihrem Programm sehr hilfreich sein könnte, waren hoch.

Man führte mich als Erstes in einen Raum, in dem die ungarischen Kinder versammelt worden waren. Die Pädagoginnen wirkten verunsichert, da sie nicht wussten, was auf sie zukommen sollte. Die Kinder zeigten wenig Ausdruck. Ich sang ein Bewegungslied namens „Hände auf, Hände zu" auf Japanisch, das ich oft in Schulen singe. Die Kinder taten ihr Bestes, meine Handbewegungen zu kopieren. Dann sprach ich über das Schriftzeichen für „Pferd", und in den Gesichtern der Kinder tat sich etwas.

Wir begannen Go zu spielen, und es war unglaublich berührend zu sehen, wie die Kinder lächelten. Einige der Kinder, deren Körper so steif waren, dass sie ihre Arme nicht ausstrecken oder ihre Hände öffnen konnten, strengten sich an, einen Stein aufs Go-Brett zu bringen. Die Pädagoginnen waren völlig überrascht und befragten mich umgehend dazu, wie sie Go in ihre Rehabilitationsroutinen einbauen könnten.

Dann führte man mich in die internationale Abteilung, wo ich mit Kindern aus verschiedensten Ländern Go spielte. Auch diese Kinder hatten viel Freude am Go-Spielen. Später sagten die Pädagoginnen zu mir: „Japan ist so ein herrliches Land! Es ist wunderbar, dass Sie Go in Ihr Erziehungssystem integriert haben." Sie hielten mich auf einmal für einen Lehrer aus Japan, der da war, um ihnen das wunderbare japanische Bildungssystem vorzustellen. Ich wusste nicht, was ich darauf antworten sollte!

Was die Lehrkräfte am PETŐ besonders beeindruckte, war die Begeisterung, die sich in den Gesichtern der Kinder offenbarte. Dass jemand so wie ich aus dem Ausland kommen und nur durch das Spielen von Go bei den Kindern ein derart wunderbares Lächeln hervorrufen konnte ging über ihre Vorstellung. Ich bin jedoch ganz davon überzeugt, dass ihr Lächeln nichts Außergewöhnliches war, sondern etwas, das alle Kinder von Natur aus in sich tragen. Ist es nicht so, dass wir als Erwachsene, als Lehrkräfte oder Eltern dazu neigen, Kinder und behinderte Menschen mit Etiketten zu versehen, und deshalb nicht in der Lage sind, sie zu sehen, wie sie wirklich sind? Go wirkt als Katalysator, und es spiegelt sich in ihm unser wahres Ich. Lächeln wir Menschen nicht von Natur aus, wenn wir uns wohlfühlen?

In Ungarn wird besonderer Wert auf die Erziehung kleiner Kinder gelegt. In der Stadt Keszthely gibt es eine Kombination aus Kindergarten und Grundschule, die enge Beziehungen zu Japan pflegt; in der Tat wurde sie mit Mitteln aus Japan gegründet. Das Projekt heißt „Baum der japanisch-ungarischen Freundschaft" und hat keinerlei Ähnlichkeit mit Erziehungseinrichtungen in Japan. So ist zum Beispiel jedes Spielgerät auf dem Gelände aus Holz, und es wird offensichtlich jegliche Anstrengung unternommen, Kindern dabei zu helfen, freie Gedanken zu entwickeln. Ich hatte bis dahin keine Unterschiede zwischen Kindergärten in Japan und in anderen Ländern wahrgenommen, aber diese Einrichtung in Ungarn war etwas ganz anderes.

Die Direktorin hegt die Ambition, ihre Anstalt zur weltbesten zu machen, und sie hatte bereits mit einem ihrer Kontakte in Japan in Erwägung gezogen, Go ins Erziehungsprogramm aufzunehmen. Davon hatte ich gehört und darum beschlossen, die Einrichtung zu besuchen. Ich spielte mit jeder Klasse Go, von den Drei- bis zu den Neunjährigen. Die Direktorin beobachtete, wie begeistert und lebendig die Kinder reagierten, und sagte zu mir, sie beabsichtige Go nicht nur ins Spielangebot, sondern in den regulären Lehrplan aufzunehmen.

## – in den USA

Dr. William Cobb lebt in Virginia, wo er sein eigenes Go-Programm betreibt. Er unterrichtet an der Universität Philosophie und bemüht sich daneben um die Verbreitung von Go in den USA. Als Dr. Cobb im Februar und März 1998 nach Japan kam, hatten wir Gelegenheit, gemeinsam einige Schulen zu besuchen. Nach seiner Rückkehr in die USA begann Dr. Cobb an dortigen Schulen Go zu unterrichten. Er hatte den Eindruck gewonnen, die einfache Variante des Atari-Go könne dabei hilfreich sein, das Go-Spiel unter Kindern zu verbreiten. Überall auf der Welt freut man sich darüber, wenn man aus eigener Kraft einen Stein gefangen hat. Dr. Cobb macht jedes Jahr Hunderte von Kindern mit Go bekannt, und es war für ihn überraschend, in den USA dasselbe Phänomen zu beobachten wie in Japan.

In den USA gibt es an Schulen diverse Probleme, die vor allem daraus resultieren, dass es sich dabei um eine multikulturelle Gesellschaft handelt, wodurch sich immer wieder Schwierigkeiten der Verständigung ergeben. Diese können wiederum die Hemmung der Entwicklung emotionaler Kontrolle zur Folge haben. Dr. Cobb erzählte mir, dass betroffene Kinder oft ruhig werden, nachdem sie damit begonnen haben, Go zu spielen, und auch besser mit anderen zurechtkommen. Auch ihre schulischen Leistungen bessern sich.

Eine der von Dr. Cobb besuchten Schulen war die Thompson Middle School in Richmond, Virginia, an der über neunzig Prozent der Schülerinnen und Schüler afroamerikanisch sind. Diese Schule führte eine Studie zu den Auswirkungen des Lernens von Go auf ihre Schülerinnen und Schüler durch. Im Jahr 1997 spielten zwei sechste Klassen das ganze Schuljahr über einmal pro Woche Go. Die Schule beschloss, in ihrer Studie diese Klassen mit anderen zu vergleichen, in denen nicht Go gespielt wurde. Sie zogen dabei sieben Punkte in Betracht, darunter die Fähigkeit zur selbständigen Problemlösung, wissenschaftliche Denkweise, Verbesserung in Mathematik und die Interaktion mit Anderen. Die Kinder in den Go-Klassen schnitten durchgehend besser ab als die übrigen, vor allem was die Fähigkeit bertraf, selbständig ein Problem zu lösen, was zuvor eine besondere Schwäche darstellte. Andere Schulen berichteten von ähnlichen Effekten. Während sich diese Berichte auf schulische Fortschritte konzentrieren, weist Dr. Cobb darauf hin, dass sich auch anderweitig Verbesserungen ergaben.

Die allererste Gruppe, die Dr. Cobb an einer Schule unterrichtete, war eine Gruppe von Vierzehnjährigen, die Verhaltensprobleme zeigten und oft nicht in der Schule erschienen. Von ihrem Ruf war ihm nichts bekannt, als er sie zu unterrichten begann, und er war daher nicht überrascht, dass sie sich bei ihm immer einfanden, während der Sitzungen ruhig dasaßen und sich auf ihr Spiel konzentrierten. Aber dem Schulpersonal fiel es auf. Der Rektor kam in die Klasse, nur um zu sehen, was diesen Wandel in den Jugendlichen ausgelöst hatte. Außerdem lud er Eltern ein, am Unterricht teilzunehmen, die sehen wollten, was da einen solchen Einfluss auf ihre Kinder hatte.

Allgemein schneiden Schülerinnen und Schüler, die Go gelernt haben, danach besser in Tests ab und profitieren auch von besseren sozialen und emotionalen Kompetenzen. Heute gibt es in den USA viele Schulen mit Atari-Go-Programmen.

## Ein allgemeiner Wunsch

Es gibt eine Sache, die ich bei meinen Zusammentreffen sowohl mit Erwachsenen als auch mit Kindern in den verschiedenen Ländern festgestellt habe. Alle, Erwachsene wie Kinder, auch jene mit „Problemen", haben den gleichen Wunsch nach Frieden und Glück. Auch wo wir nicht in der Lage waren, verbal miteinander zu kommunizieren, vermittelte sich mir dieser Wunsch. Wenn ich sehe, wie die Augen der Kinder aufleuchten, dann bin ich der festen Überzeugung, dass es sich bei ihnen um die wahren Schätze unseres Planeten handelt. Ihre Freude macht die Menschen um sie herum glücklich. Wir dürfen um keinen Preis zulassen, dass ihnen dieser Lebensfunke abhanden kommt.

Bis heute sind Menschen aus über zwanzig Ländern nach Japan gereist, um mehr über meine Go-Programme zu erfahren. Diejenigen, denen mein Vorgehen zugesagt hat, haben in ihren eigenen Ländern Go-Programme gestartet, und mein Ziel ist es, dieses Netzwerk noch weiter auszubauen.

## Stimmen aus der Praxis

### *Ein Erfahrungsbericht von Ilona Crispien, Mitarbeiterin einer Justizvollzugsanstalt, Deutschland*

Vor einigen Jahren habe ich in einer Justizvollzugsanstalt eine kleine Go-Gruppe für Insassen geleitet und dabei sehr spannende Erfahrungen gemacht. Damals bin ich eher traditionell vorgegangen, habe also die Go-Regeln erklärt oder selbst erkunden lassen und auf kleinen Brettern viele Spiele gespielt, ein paar Aufgaben gestellt und besprochen. Das Ergebnis war – was das Erlernen des Spiels anbelangt – eher ernüchternd. Nur ein einziger Insasse, der in Freiheit als Schachspieler eine relativ hohe ELO-Zahl erreicht hatte, hat es zu einer passablen Spielstärke geschafft. Am anderen Ende der Skala befand sich ein Teilnehmer, dem ich den Spitznamen „König des Selbstatari“ gegeben hatte, weil er seine Steine häufig so auf dem Spielbrett platzierte, dass sein Gegner sie sofort schlagen konnte. Jedoch: Er war unverdrossen und kam, als er wieder einmal im Gefängnis war, sofort wieder in die Gruppe.

Nachdem ich das enthusiastische Buch von Yasuda Yasutoshi gelesen hatte, wollte ich gleich erkunden, ob ich mit dem im Buch erläuterten, so ganz anderen Ansatz vielleicht mehr erreichen kann.

Seit dem Beginn der Pandemie Anfang 2020 konnte ich leider keine ständige Go-Freizeitgruppe anbieten. Doch in einer kleinen wöchentlichen Behandlungsgruppe war kurzfristig ein Termin frei. Das hatte den Vorteil, dass die Mitglieder dieser Gruppe sich schon von den früheren Treffen kannten und sie auch zusammen in einer Wohneinheit untergebracht sind. Es war kein zufällig zusammengewürfelter Haufen.

Um es vorwegzunehmen: Ja, es war anders (und besser).

Damals in meiner Go-Gruppe verhielten sich die Spieler untereinander völlig anders als jetzt. Während sie seinerzeit, kaum dass sie die Regeln halbwegs verstanden hatten, sofort gegeneinander antreten wollten, um auszuspielen, wer gewinnt, ging es diesmal eher um den Spaß daran, überhaupt zu verstehen, wann ein Stein geschlagen werden kann bzw. was man dagegen tun kann. Die

Spieler an den Brettern waren weniger Kontrahenten, als neugierige gemeinsame Entdecker.

Kaum hatte jemand etwas verstanden, hat er es den anderen mitgeteilt, und zwar in der ihm gemäßen Sprache. Da die Gruppe sich gut kannte, war das für alle offensichtlich okay.

Die Einfachheit des Ansatzes verhindert, dass Überkomplexität den Wissensdrang tötet. Niemand wurde überrollt. Na ja, einige trotzdem. Aber das hängt möglicherweise eher mit der Situation von Gefangenen zusammen: Manche Insassen reagieren mit einiger Zurückhaltung auf eigene Entscheidungsmöglichkeiten. Sie konnten kaum glauben, dass sie jetzt einen Stein schlagen durften. Schön war auch zu sehen, dass die Gruppe niemanden zurücklassen wollte. Das hat alle angespornt.

Die damalige Tendenz, ständig an den gegnerischen Stein anzulegen in der Hoffnung, diesen dadurch zu bedrängen und zu schwächen, verschwand jetzt sehr schnell, und die Gruppe, die am Demo-Brett gegen mich spielte, verstand, dass man die eigenen Steine nicht aus den Augen verlieren sollte und wie man sich selbst stärken kann. Kein Wunder, wenn das Spiel bereits verloren ist, sobald ein Stein gefangen wurde.

Früher konnten manche Insassen gar kein Verständnis dafür aufbringen, dass sie sich durch ihre Spielzüge in Gefahr bringen. Auch nach vielen Wochen und Monaten haben sie es nicht gelernt vorherzusehen, dass nach ihrem vermeintlichen Angriffszug erst einmal der Gegner am Zug ist, als ob es ihnen egal war, was der Gegner im nächsten Zug mit ihnen anstellen kann. Jetzt verschwand diese Tendenz schnell. Vielleicht auch, weil man unmittelbar aus den Fehlern bzw. Misserfolgen lernen kann, weil ein Spiel schnell vorbei ist und deswegen ja sofort ein neues Spiel begonnen wird.

Wenn es wieder möglich ist, möchte ich erneut eine Go-Gruppe im Gefängnis anbieten, und zwar in der festen Absicht, eine Erkenntnis aus diesem kleinen Experiment umzusetzen: Mich als Lehrerin oder Gruppenleiterin zurückzuhalten!

Es ist zwar wichtig, der Neugier immer ein bisschen Futter zu geben, aber es ist noch wichtiger, die Schüler Go selbst entdecken zu lassen, und zwar in dem Tempo, das ihnen gemäß ist, und sei es noch so langsam.

Sobald sie im Atari-Go so gut sind, dass sie sich gegenseitig kaum noch fangen können, stellen sie die weiterführenden Fragen von selbst. Dann ist immer noch Zeit, dieses wunderbare Spiel zu erklären.

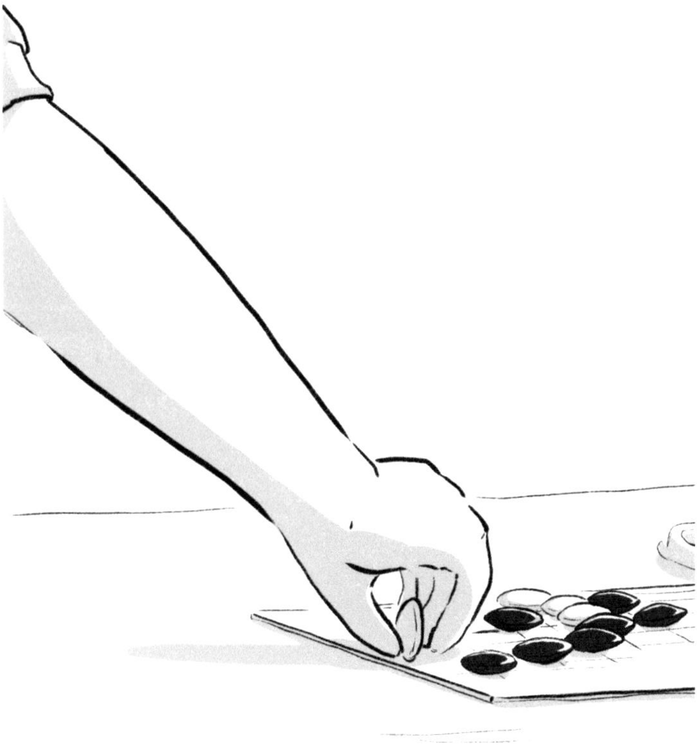

# Epilog

Heutzutage ist häufig die Rede davon, dass Klassen „scheitern". Ich war schockiert, als ich hörte, dass es unkontrollierbare Klassen nicht nur in Ober- und Mittelschulen, sondern sogar in Grundschulen gibt. Auf der Grundlage meiner Erfahrung fühle ich mich allerdings mit dem Ausdruck „scheitern" bei der Beschreibung der Situation an Grundschulen etwas unwohl.

Einmal spielte ich Go mit zwei zusammengelegten ersten Klassen an einer Grundschule in der Präfektur Kumamoto. Eine dieser beiden Klassen war eine sogenannte „unkontrollierbare" Klasse. Als die Klassenlehrerinnen und ich den Raum betraten, lag ein Junge auf dem Boden. Er tat so, als bemerke er nicht, dass wir hereinkamen, und schien zu schmollen. Ich fragte die Kinder, ob es ihnen an der Schule gefällt. Alle Kinder der einen Klasse hoben die Hand, von der anderen Klasse rührte keines auch nur den Arm. Dann fragte ich sie, ob sie ihre Lehrerin mochten. Wieder hoben alle Kinder einer Klasse die Hand, und die Kinder der anderen hoben sie nicht. Das war nicht anders vorauszusehen. Ich habe in über tausend Grundschulklassen Go-Workshops durchgeführt. Ich brauche nur das Klassenzimmer zu betreten, um zu erkennen, wie es um die Betreuung der Kinder steht. Nach meinen Beobachtungen ist von drei Klassen eine im sogenannten unkontrollierbaren Zustand. Unkontrollierbar klingt dramatisch, aber ich denke, damit sollte man nicht zu viel verbinden. Einfach gesagt bedeutet es, dass sich zwischen der Lehrkraft und den Kindern kein gutes Verhältnis entwickelt hat. Ich glaube, das können wir weder der Lehrkraft noch den Kindern anlasten.

„Ich bin heute hier, um ein Spiel zu spielen, das viel Spaß macht", begann ich. Als die Kinder das hörten, hob sich ihre Laune und ihre Augen leuchteten auf, aber der Junge, der auf dem Boden lag, sagte, er wolle nicht spielen. Ich zwinge Kinder nicht dazu zu spielen und lasse sie tun, was sie wollen. Also ließ ich den Jungen auf dem Boden liegen.

Wenn ich mich darüber mit Lehrkräften unterhalte, dann gehen sie oft davon aus, dass ich das Kind ignoriere, aber das ist nicht der Fall. Es hat vielleicht den Anschein, als würde ich diese Kinder ignorieren, aber tatsächlich widme ich ihnen meine volle

Aufmerksamkeit. Diese Methode führt meiner Meinung nach dazu, dass sich diese Situationen unerwartet auflösen. Häufig sagen dann Lehrkräfte, sie seien bei solchen Gelegenheiten Zeugen von „Wundern" geworden, aber ich glaube, solche Wunder können alle vollbringen, die mit ihrem ganzen Dasein bei der Sache sind.

Ich fragte die Kinder nach dem Schriftzeichen für „Pferd" und sprach über diverse Dinge, und schließlich waren sie entspannt. Dann fingen wir an, Atari-Go zu spielen. Wie ich bemerkte, schlich sich der Junge, der auf dem Boden gelegen hatte, in die Reihe, um Go zu spielen, als er sah, wie die anderen Kinder bei der Partie mitfieberten.

Nachdem die Kinder eine Weile Go gespielt hatten ließ ich die Lehrerinnen der beiden Klassen gegeneinander antreten. Sie waren beide Frauen, boten ansonsten aber ein Bild der Gegensätzlichkeit. Die eine, die bei ihren Zöglingen beliebt war, wirkte sehr fröhlich und trug ein breites Lächeln im Gesicht, wogegen die andere Lehrerin blass und ängstlich wirkte. Auch die Unterstützung seitens der Kinder fiel sehr unterschiedlich aus. Die Kinder der beliebten Lehrerin feuerten sie an, was die Lungen hergaben, während die andere Klasse keinen Ton vernehmen ließ.

Als sie hörten, wie die einen Kinder ihre Lehrerin anfeuerten, wurden die Mienen jener der anderen Klasse verdrießlich. Obgleich sie kein gutes Verhältnis zu ihrer Lehrerin hatten, bereitete es ihnen Kummer, dass ihre Lehrerin dabei war, die Partie zu verlieren. Bald begann eines der Kinder, die unbeliebte Lehrerin anzufeuern. Die anderen Kinder stimmten ein. Als die Partie sich ihrem Ende näherte, feuerten die Kinder beider Klassen ihre Lehrerinnen an. Die Lehrerin, die blass und ernst gewirkt hatte, schien verwirrt. Dass ihre Kinder sie anfeuern würden hatte sie nicht erwartet. Ihr Gesicht hellte sich allmählich auf, und sie konzentrierte sich auf die Partie. Ein wenig später eröffnete sich der Lehrerin der unkontrollierbaren Klasse die Möglichkeit, einige Steine zu fangen. Plötzlich rief der Junge, der auf dem Boden gelegen hatte: „Sie können gewinnen! Ich zeige Ihnen, wo Sie setzen müssen!" und rannte hin zu seiner Lehrerin. „Hier! Setzen Sie hier einen Stein, und Sie gewinnen!" Die Lehrerin erkannte, wo sie spielen musste, und fing die Steine ihrer Gegnerin. Freudenschreie brachen aus den Kindern hervor.

Als ich einige Zeit später die Klasse wieder besuchte, stellte ich fest, dass sich die Atmosphäre völlig verändert hatte. Der Junge, der auf dem Boden gelegen hatte, saß nun ordentlich an seinem Tisch, so dass ich nach ihm Ausschau halten musste, um ihn zu entdecken. An jenem Tag hatten wir wieder viel Spaß beim Spielen von Atari-Go. Als die Partien zu Ende waren, nahmen alle Kinder feierlich vor mir Platz auf dem Boden und dankten mir brav für die Partien. Die Lehrerin kam zu mir und sagte: „Der Junge hat sich verändert, nicht wahr?" Das stimmte wohl, aber vor allem hatte sich die Lehrerin verändert. Ihre Erscheinung hatte kaum Ähnlichkeit mit jener bei meinem ersten Besuch; sie wirkte sehr schön und voller Selbstbewusstsein. Ich fragte mich, ob sie diesen Wandel an sich selbst bemerkt hatte.

Ausgehend vom Kindergarten in Shonai, Fukuoka, sind an verschiedenen Orten Japans Go-Programm-Zirkel entstanden. Einer davon ist eine Stadt namens Takamori in der Präfektur Kumamoto, in der alle Kinder unter zwölf Jahren Atari-Go spielen gelernt haben. Ein Go-Festival für Kinder, gefördert vom Bildungsausschuss der Präfektur Kumamoto, hatte die Gelegenheit eröffnet, in der Stadt Atari-Go vorzustellen. Nachdem der Ort für das Go-Festival für Kinder feststand, besuchte ich mit Kurihara Toshiaki, meinem Partner bei diesem Vorhaben, den Stadtrat, um unser Programm zu präsentieren. Herr Kurihara ist ein ehemaliger Polizist, der in der Stadt Kumamoto heute Go-Klassen unterrichtet. Das Angebot in seinen Klassen beschränkt sich nicht nur auf Go, er unterstützt die Kinder darüberhinaus in ihrer Entwicklung. Kurihara sagt, Kinder groß werden zu sehen sei das, wofür er heute lebe.

Der städtische Bildungsausschuss hatte vom Bildungsausschuss der Präfektur die Anweisung erhalten, das Go-Festival für Kinder auszurichten. Unter den Verantwortlichen herrschte etwas Unmut: „Wir haben zu dieser Jahreszeit sehr viel zu tun", erklärten sie. Sie hatten jedoch keine Wahl und mussten den Plan hinnehmen, da die Anordnung von oben kam. Was Kurihara und ich prinzipiell im Sinn hatten, war ein Projekt zur Belebung Takamoris und der dortigen Bevölkerung durch Go, und wir gaben unser Bestes, diesen Plan zu erläutern. Auf unserem Weg zurück vom Stadtamt sagte ich jedoch zu Herrn Kurihara, dass ich fürchtete, es sei unmöglich, den Leuten in dieser Stadt die Zielsetzung des Go-Programms verständlich zu machen.

Am nächsten Tag besuchten wir eine Vorschule und eine Grundschule, um dort das erste Mal Atari-Go zu spielen. Uns begleitete der städtische Beamte, der für das Projekt zuständig war. Weniger als einen Monat später rief er mich an und sagte: „Wir haben uns für den Einsatz von Go als Mittel dazu entschieden, junge Menschen bei ihrer Entwicklung zu unterstützen. Der Stadtrat hat ein Budget für das Go-Programm bewilligt. Können sie Go-Sets nach Takamori schicken?"

Als ich auflegte, musste ich an die Worte von Takamori Saigo denken, einem Politiker, der während des Endes des Tokugawa-Shogunats und am Anfang der Meiji-Restauration lebte, von 1822 bis 1877. Er sagte: „Achte den Himmel und liebe die Menschen." Jeder Mensch hat etwas, worauf er hofft. Ich glaube fest daran, dass wir zueinander Vertrauen haben und für neue Dinge offen sein sollten. Blickt man zurück auf die Erfahrungen, die ich gemacht habe, so stellt man fest, dass sich alle Betroffenen zu Anfang sträubten. Trotzdem fuhr ich mit dem Programm fort, weil ich Kinder lächeln sehen wollte. Vielleicht trug dieser Wunsch selbst zu einer Verwandlung des Ausdrucks in den Gesichtern der Kinder und der behinderten Menschen bei. Auch ist es wert, erwähnt zu werden, dass sich diejenigen am meisten veränderten, die zu Beginn die größte Ablehnung zum Ausdruck brachten. Wenn man die Hoffnung aufgibt, weil man nicht mit offenen Armen empfangen wird, wird man nichts erreichen. Ich dachte an die Worte von Takamori Saigo, „Achte den Himmel und liebe die Menschen", fuhr zu den Kindern nach Takamori und hatte viel Freude daran, mit ihnen Atari-Go zu spielen.

## Wir sind uns als Menschen alle gleich

Wenn ich in Takamori bin, übernachte ich immer im Gasthof *Matisse*. Der Betreiber des Gasthofs ist ein wunderbarer Mensch, und jedes Mal, wenn ich dort bin, diskutieren wir bis spät in Nacht. Eines Tages hatten der Gastwirt und ich eine Unterhaltung mit dem Herrn vom Bildungsausschuss, der für das Go-Festival für Kinder verantwortlich war. Er hatte sich sehr für die Stadt und deren Kinder eingesetzt. Aber er beklagte, dass ihn die Verwaltung ungeachtet all seiner Mühen auf erhoffte Entscheidungen warten ließ. Der Betreiber des Gasthofs sagte: „Sie brauchen sich darüber keine solchen Sorgen zu machen. Herr Yasuda ist nach Takamori gekommen einfach um uns zu vermitteln, dass wir uns als Menschen alle gleich sind."

Mir fiel es wie Schuppen von den Augen. „Wir sind uns als Menschen alle gleich." Ich wusste, dass ich etwas dieser Art im Sinn hatte, aber es war mir noch nicht gelungen, es in Worte zu fassen. Der Betreiber des Gasthofs hatte meinen Gedanken präzise ausgedrückt. Ich habe keine höhere Bildung genossen und keine besonderen Kenntnisse in sozialer Fürsorge oder Psychologie erworben. Wenn ich das getan hätte, wäre mir vermutlich nicht aufgegangen, dass wir uns als Menschen alle gleich sind. Stattdessen hätte ich mich bei der Begegnung mit Anderen auf Vorurteile gestützt, wie etwa der Ansicht, dass Menschen mit Behinderung oder kleine Kinder nur beschränktes Potenzial haben. Und ich hätte sehr wohl auch den Funken in den Augen der Kinder übersehen können… gerade dann, wenn es darauf ankam.

## Mit Ata und Ri in der Grundschule

*Ein Beitrag von Carolin Seck und Gunnar Dickfeld, Grundschullehrerin und Go-Autor, Deutschland*

Zu verschiedenen Gelegenheiten haben wir das Go-Spiel an einer Grundschule in Hanau eingeführt. Dabei haben wir unsere Erfahrungen zusammengebracht: Die des Go-Begeisterten, der seit vielen Jahren Go-Einführungen in verschiedenen Einrichtungen durchgeführt hat, und die der Grundschullehrerin, die tagtäglich die Art des Lernens und Entdeckens der Kinder unterstützt.

Unsere Experimente waren alle sehr erfolgreich und hinterließen einen nachhaltigen Eindruck bei den Kindern. Wir konzentrierten uns stets auf das Atari-Go mit seiner sehr einfachen Regel „Umschließen, um zu fangen".

Die Begeisterung der Kinder ist unbeschreiblich. Nach den Projekten steht im Klassenzimmer ein Spielbrett bereit, das gern und viel genutzt wird. Anfangs waren wir sehr überrascht, wenn plötzlich Kinder, die gar nicht an den Go-Einführungen teilgenommen hatten, Tage später in der Schule die Spiele herausholten und Atari-Go spielten. Das Spiel und die Begeisterung dafür wurde weitergetragen.

Am Ende eines Projektes stellten wir oft noch kurz die „Erwachsenen-Regeln" vor und ließen die Kinder diese ausprobieren. Bei aller Begeisterung fällten die Kinder meist ein hartes Urteil: „Wisst Ihr, die Erwachsenen-Regeln sind ja gut und schön, aber wir spielen lieber Steine fangen."

Auch fiel es uns schwer, andere Lehrkräfte zu überzeugen, Go einmal mit ihren Klassen auszuprobieren. Es gab natürlich Zurückhaltung aufgrund des Vorurteils, Go sei zu kompliziert. Zum anderen gab es die Sorge, als Lehrer keinen Wissensvorsprung zu haben. So überlegten wir, was wir den Lehrkräften an die Hand geben können, damit sie das Go-Spiel mit den Kindern gemeinsam entdecken können.

Entstanden ist daraufhin die Abenteuergeschichte „Ata und Ri im Reich der Steine" als farbiges Bilderbuch, illustriert von Jan-Peter Schmitten: Es sind Sommerferien und die beiden Kinder

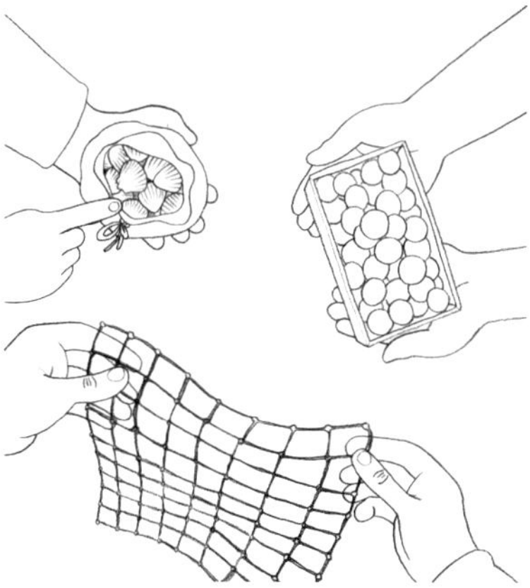

Ata und Ri, die eigentlich Antonia und Richard heißen, beschließen, den alten Fischer zu besuchen, denn dort gibt es immer etwas zu erleben. Der alte Fischer schlägt vor, selbst ein Spiel zu erfinden und dafür soll jeder einen Gegenstand im Haus aussuchen. Schnell wird aus einem alten Fischernetz ein Spielfeld und aus Muscheln und Steinen werden Spielfiguren. Auch die Regeln sind im Nu geklärt.

Während sie spielen zieht ein Gewitter auf und alle drei werden plötzlich mit Blitz und Donner ins Reich der Steine katapultiert. Dort müssen sie in drei Aufgaben geschickt Steine fangen, um wieder in ihre Welt zurückzugelangen. Am Ende geben sie ihrem erfundenen Spiel auch einen eigenen Namen, der sich natürlich aus den Namen beider Helden zusammensetzt: Es heißt Atari.

Das Buch kann vorgelesen oder gemeinsam mit den Kindern gelesen werden, das hängt von der jeweiligen Klassenstufe ab. Nach dem ersten Teil der Geschichte sollten die Kinder einige Zeit zum Spielen und Entdecken haben, bevor es mit dem zweiten Teil (in der Welt der Steine) mit Verständnisfragen und besonderen Tricks weitergeht.

Bei der Umsetzung gibt es viele kreative Möglichkeiten. Das Spielmaterial kann mit den Kindern gemeinsam erstellt werden (passende Gegenstände suchen, oder mit einer Basteleinheit kombinieren), aber auch bereits vorab bereit stehen.

Seither haben wir mit diesem Buch gearbeitet, um Atari-Go vorzustellen. Wir lösen bei den Kindern damit die gleiche Begeisterung aus. Es ist vielleicht etwas bedauerlich, dass der Bezug zu Japan verloren geht, wie zum Beispiel das Aufwärmen mit Yasudas Schriftzeichen. Das braucht es aber nicht, denn mit der Geschichte von Ata und Ri steigen die Kinder sanft in das Spiel ein.

Neben unseren eigenen Erfahrungen gibt es viel positive Resonanz von Lehrern und Lehrerinnen, die sich mit ihren Klassen oder Lerngruppen auf die Abenteuergeschichte von Ata und Ri eingelassen haben. Im November 2015 wurde das Buch mit dem LesePeter, einer Auszeichnung der Arbeitsgemeinschaft Jugendliteratur und Medien (AJuM) der GEW, ausgezeichnet. Der LesePeter schreibt: „Das Spiel wird den Kindern nicht fertig vorgesetzt, vielmehr werden sie ermutigt, sich selbst auszuprobieren. Damit erhalten sie den Aha-Effekt, wenn das Spiel am Ende auch wirklich funktioniert und es einen Sieger gibt."

## Leseprobe

Ata ist fast ein bisschen neidisch auf Ris schwarze Steine: „Die sind aber hübsch. Gibst du mir welche?", fragt sie ihn. „Nö, die musst du dir erspielen!", antwortet er.
„Ich habe eine Idee", sagt der Fischer, „wir bilden zwei Mannschaften: Weiße Muscheln gegen schwarze Steine und das Netz ist unser Spielfeld." „Oh ja, wir versuchen die Steine des anderen zu fangen", ruft Ata ganz aufgeregt. Sie schaut sich das Netz an und da fällt ihr auch schon die erste Spielregel ein: „Wir legen die Muscheln und Steine immer abwechselnd auf die Knoten vom Netz. Wer zuerst einen Stein des anderen umzingelt hat, hat ihn gefangen und darf ihn wegnehmen. Guckt mal, so!"

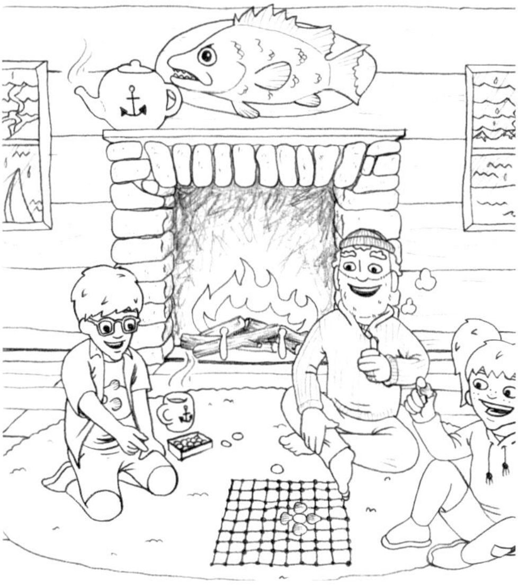

# Anhang: Atari-Go im Detail

Beim Go kann man Steine fangen, indem man sie umschließt. Das ist die Grundregel. Go-Profis spielen freilich mit etwas komplexeren Regeln, wir aber wollen hier nur die Anwendung der Regel „Umschließen, um zu fangen" genauer betrachten. Wenn wir „umschließen" sagen, bezieht sich das nicht nur auf einen einzelnen Stein; wir können auch mehrere Steine umschließen, und dabei können sich wiederum Formationen ergeben, in denen wir uns gegenseitig fangen können. Jedes Mal, wenn ich in Go einführe, erkläre ich nur, wie man einen einzelnen Stein umschließt und fängt. Während einer Partie kommt es dann zu Formationen, die wir mit dieser ersten Regel nicht klären können.

Betrachten wir nun ein Minimum an Regeln, die in diesen Fällen anzuwenden sind. Es gibt fünf Fälle, aber alle sind einfach:

1) Umschließen eines Steins am Rand oder in einer Ecke.
2) Mehrere Steine fangen.
3) Sich selbst fangen, indem man auf einen bereits umschlossenen Punkt spielt.
4) An einem bereits umschlossenen Punkt spielen, ohne sich selbst zu fangen.
5) Ein Stellungsmuster, in dem Schwarz und Weiß abwechselnd immer wieder einen gegnerischen Stein fangen können.

Diese Situationen treten mit Sicherheit jedes Mal auf, wenn man damit anfängt, Go zu spielen.

„Wenn es sich um einfache Regeln handelt, warum erklären Sie sie nicht gleich zu Beginn?", werden Sie wohl fragen. Dafür gibt es einen guten Grund, den ich Ihnen im Folgenden erklären werde, aber zunächst zu den Regeln.

## 1. Umschließen eines Steins am Rand oder in einer Ecke

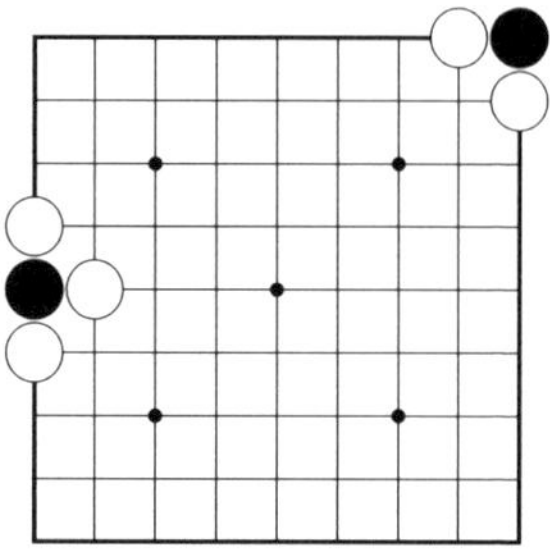

*Diagramm 1*

Sie wissen bereits, dass Steine in der Mitte des Bretts von allen vier Seiten umschlossen werden müssen. Stellen Sie sich die auf dem Brett gezeichneten Linien als Straßen vor. Wenn die Straße endet, können Sie nicht mehr weglaufen und sind gefangen. Am Rand oder in der Ecke kommt man mit weniger Steinen aus. In Diagramm 1 sind die beiden schwarzen Steine jeweils vollständig umschlossen und damit gefangen. Man nimmt sie vom Brett.

## 2. Mehrere Steine fangen

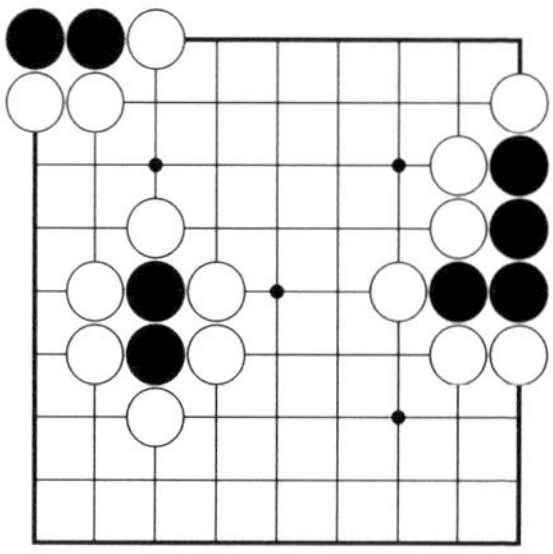

*Diagramm 2*

Wenn mehrere Steine horizontal und/oder vertikal verbunden sind, bilden sie eine Kette, die als Ganzes gefangen werden kann. Die drei schwarzen Ketten in Diagramm 2 sind alle gefangen.

## 3. Sich selbst fangen, indem man auf einen bereits umschlossenen Punkt spielt

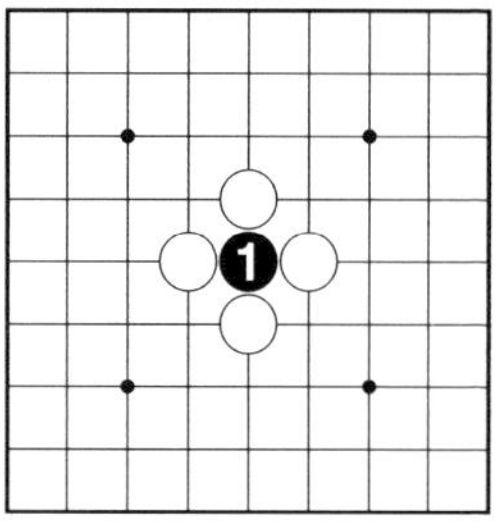


*Diagramm 3*

Wenn wie in Diagramm 3 die vier weißen Steine bereits liegen und Schwarz auf 1 spielt, ist Schwarz 1 unmittelbar gefangen, da der Stein im Moment, in dem er gesetzt wird, bereits umschlossen ist. Dieser Selbstfang hat den gleichen Effekt wie ein weißer Zug, der den schwarzen Stein fängt.

**4. An einem bereits umschlossenen Punkt spielen, ohne sich selbst zu fangen**

Es gibt eine Ausnahme der vorherigen Regel: Ein Zug ist kein Selbstfang, wenn der Zug einen oder mehrere Steine der anderen Farbe fängt. In Diagramm 4 fängt Schwarz 1 die markierten weißen Steine, die unmittelbar entfernt werden, und dann ist Schwarz 1 nicht gefangen. Nach Schwarz 1 in Diagramm 4 stellt sich die Situation auf dem Brett wie in Diagramm 5 dar. Wenn Sie also die gegnerischen Steine schlagen können, indem Sie auf einem umschlossenen Punkt spielen, ist dieser Zug erlaubt.

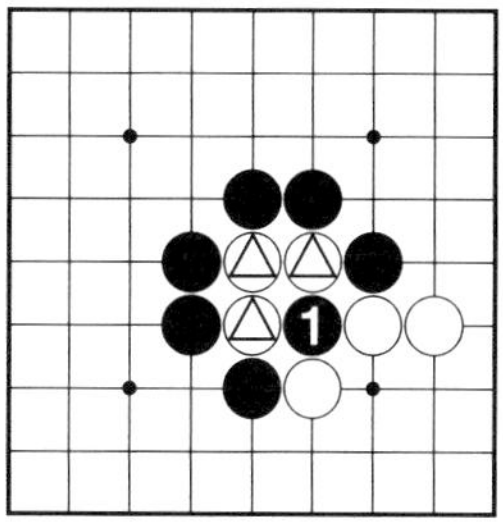

*Diagramm 4*

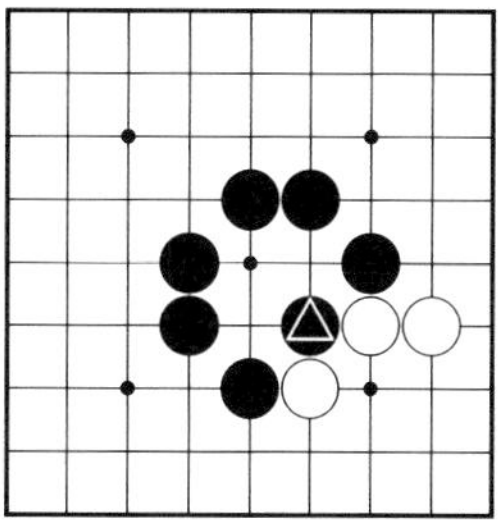

*Diagramm 5*

**5. Ein Stellungsmuster, in der Schwarz und Weiß abwechselnd immer wieder einen Stein des Anderen fangen können**

Das Stellungsmuster in Diagramm 6 ist nicht ungewöhnlich. Wenn Schwarz auf 1 in Diagramm 7 spielt, ist der markierte weiße Stein gefangen und wird entfernt. Wenn das Spiel damit nicht zu Ende ist (weil man etwa so spielt, dass man drei Steine fangen muss, um zu gewinnen), dann könnte Weiß nun wie in Diagramm 8 wiederum den markierten schwarzen Stein fangen.

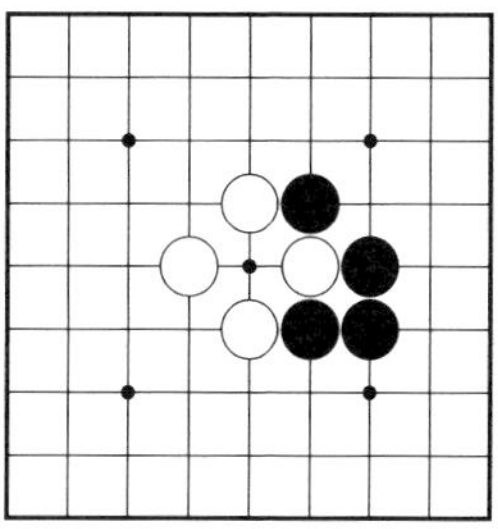

*Diagramm 6*

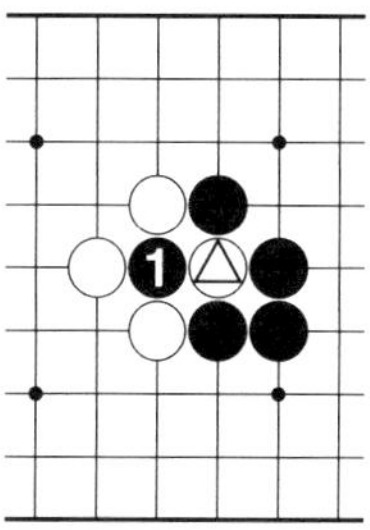


*Diagramm 7*

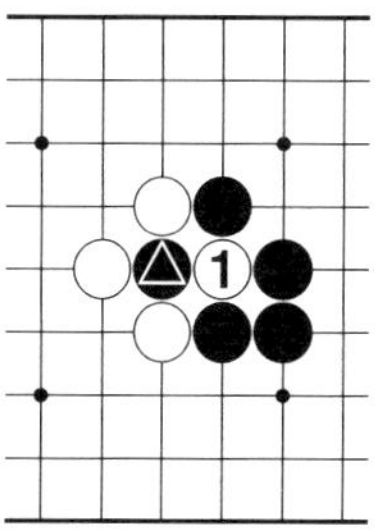


*Diagramm 8*

Schwarz könnte dann wieder zurückfangen. Das kann sich fortsetzen, bis die nötige Menge an Steinen gefangen wurde, die zum Sieg benötigt wird. Es gibt im normalen Go eine Regel, die diese Situation betrifft, aber in der Variante des Atari-Go wird sie nicht benötigt.

Was die beschriebenen Regeln angeht, gibt es einen entscheidenden Punkt, der bei ihrer Verwendung zu beachten ist: Sie sollten nicht erklärt werden, bevor sich die Kinder im Lauf einer realen Partie nicht in der entsprechenden Situation befinden. Auf diese Weise geben Sie ihnen eine Chance, sie zu entdecken.

## Nachwort

Über Herrn Yasudas interaktives Go-Programm habe ich als Journalist von dessen ersten Schritten an berichtet. Go gilt gemeinhin als ein schwieriges Spiel, bei dem man entweder gewinnt oder verliert. Die Aktivitäten von Herrn Yasuda haben diese Auffassung jedoch in Frage gestellt. Ich durfte im Verlauf ihrer Entfaltung eine ganze Reihe erstaunlicher Erfahrungen machen.

Beim Schreiben dieses Buchs zu helfen war für mich eine Herausforderung. Ich wollte, das darin nicht nur Herrn Yasudas Vision und Erleben Ausdruck finden sollten, sondern dass es zugleich auch einen objektiven Bericht über seine Aktivitäten liefert. Es war das erste Mal, dass ich mich an so einem Projekt versuchte. Gestützt auf meine Berichterstattung über seine Aktivitäten während der vergangenen sieben Jahre sowie der Reaktionen darauf, denke ich, dass es mir gelungen ist, das Buch so anzulegen, dass es sowohl einen Bericht über seine Tätigkeit als auch einen Ausdruck seiner persönlichen Sicht auf sie darstellt.

Ich glaube, die meisten Menschen in Japan nehmen heute einen besorgniserregenden Wandel der sozialen Atmosphäre wahr. Wir beobachten, dass die Bande, die die Menschen miteinander verknüpfen, schwächer werden. Mittel und Wege zu finden, dieses Problem zu lösen, ist eine dringliche Angelegenheit für die ganze Gesellschaft, nicht nur ein Thema für einen Journalisten. Immer wieder wird betont, wie wichtig persönliche Interaktion sei, aber einen effektiven Weg zu finden, sie zu fördern, ist schwer. Angesichts dieser unglücklichen und frustrierenden Lage halte ich Herrn Yasudas Go-Programm für einen unverzichtbaren Beitrag.

Auch wenn ich bereits in diversen Zeitungsartikeln über Herrn Yasudas Tätigkeit berichtet habe, so ist die Bitte und Gelegenheit, dieses Buch herauszubringen, eine besondere Ehre für mich. Ich möchte gern all den Leuten danken, die trotz ihrer vollen Terminkalender bereit waren, mir ihre Unterstützung und Mitarbeit anzubieten. Ihre Begeisterung hat mich bestärkt, und ich verdanke ihnen viel. Mein besonderer Dank gilt außerdem Herrn Nakagawa Teruo vom Verlag Tosho-bunka, der dieses interaktive Go-Programms in seiner ganzen Tiefe verstand.

Januar 2000, Yokouchi Takeshi

## Jetzt sind Sie dran!

Sie möchten *Yasudas Go* gern selbst erleben?
Dann nichts wie los!

Wie Sie gelesen haben, bedarf es nicht viel. Wenn Sie dennoch Unterstützung wünschen, wenden Sie sich gern an uns oder den Deutschen Go-Bund. Wir helfen Ihnen oder vermitteln Ideen und Ansprechpartner.

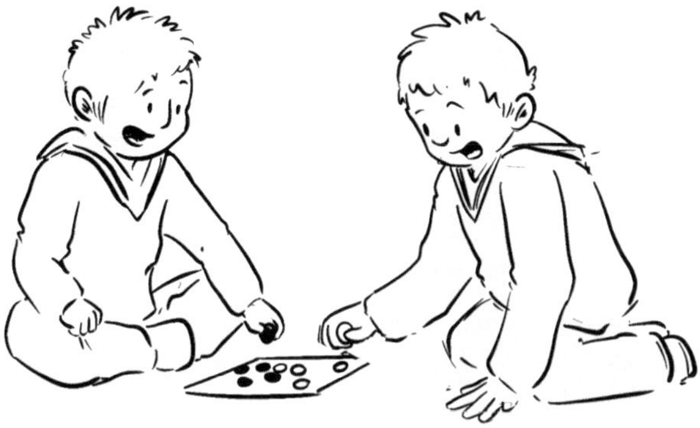

---

Doch neugierig auf das Go-Spiel mit den erweiterten Regeln?
Wir empfehlen: *Go für Einsteiger*, 2016, Brett und Stein Verlag.